装画・本文挿絵　中畝治子
装　丁　菊池ゆかり

ジソウのお仕事

50の物語《ショートストーリー》で考える子ども虐待と児童相談所

◎目次

ジソウのお仕事

目次

5　行き場を探して

はじめに

川松　亮

個人的な話から書きはじめることをお許しください。私は、地方の教護院（非行問題のある子どもが共同で生活する施設、現在の児童自立支援施設）で夫婦寮を営む両親のもとに生まれ育ちました。ヤギや牛を育てたり、畑仕事をする施設の暮らしが、私の「福祉」の原風景であり、そのイメージは土と汗のにおいでした。父は、その後に児童福祉司となり、県庁を退職する時は中央児童相談所長をしていました。

私は東京都に福祉職として採用されて、児童福祉施設に勤務した後、児童相談所の児童福祉司を長く経験しました。児童福祉司になりたくて東京都に就職したものの、なかなか児童相談所に配属されず、やっと希望がかなってその仕事に就くことができました。丁寧な相談活動をしたいと願いながらも、しかし日々の繁忙のなかで、思い通りの仕事がなかなかできなかったように思います。「ジソウの仕事」は時代とともに変化してきていることを感じました。

「ジソウの仕事」を続ける毎日は、つらいことも多くありました。子どもとの関係がうまくいかなかったり、一時保護した子どもの保護者から強く抗議されて鬱々《うつうつ》としたり、子どもの行動の意味を理解することが難しく、支援の方針がなかなか立てられなかったり、自らの力のなさを嘆くことが多かったです。しかし「ジソウ」での日々は私にとってとても楽しく（困っている人の相談を受けているのに不謹慎な言葉かもしれません）、本当にやりがいを感じる仕事でした。

多くの先輩や同僚から、教えられ支えられながら、私は日々の仕事をなんとか進めることができました。児童福祉司の駆け出しの頃、上司から言われたことが忘れられません。子どもを預けたいという相談をある母親から受けて、家庭訪問をした時のことです。職場に戻り、訪問の内容を報告する私に対して、上司は「それで、子どもはなんと言っているんだ？」と聞きました。子どもからの話を十分に聴いてこなかった私が、しどろもどろになると、上司は「もう1回行ってきなさい」と厳しく言いました。児童相談所は子どもの相談を受けるところですが、親の話を聴くことに重心が置かれて、子どもの気持ちが置き去りになってしまっていることがあるのではないでしょうか。あくまで子どもを中心に考えること、それが児童相談所の役割だろうと思います。そのことを私は上司から教えられたように思います。

今、児童相談所は虐待対応のあり方が適切だったのかと問題を指摘されることが多く、知らない人はいないような状況になってきました。子どもを保護するところといった一面的な見方をされることも多くなっています。こうした社会からの視線に戸惑《とまど》いながら、それでも児童相談所職員はそれぞれに思いを持って、日々の仕事に取り組んでいます。けれどその実像はあまり知られることがありません。

青山さくらさんが、10年以上にわたり隔月刊誌『くらしと教育をつなぐWe』（フェミックス）に連載されている「ジソウのお仕事」は、そんな知られざる児童相談所の日々を等身大で描いたものです。児童相談所職員の日々の泣き笑い、戸惑いややるせなさまでが、情感にあふれる筆致で的確に描かれています。子どもと家族をなんとか応援しようとするその姿勢には、頭が下がる思いがします。「ジソウの仕事」

の実際を知っていただくのに、とてもよい内容だと確信しています。

今回、青山さんと一緒にこのような本にまとめることになりました。青山さんの人間性あふれる文章の価値を落とさないように努めながら、私からは児童相談所や虐待問題に関する解説、児童相談所のこれからに対する私見を書かせていただきました。ぜひお読みいただき、児童相談所の理解への一助としていただければ幸いです。そして、児童相談所で働きたいと思われる方が増えること、現在、児童相談所で働いている仲間に元気になってもらうことができればこれ以上の幸せはありません。

それでは、青山児童福祉司の目を通した、児童相談所の世界を味わってください。

＊本書の中で、50の物語に登場する人物や家族背景などは、プライバシー保護のため、事実とは異なることをご承知おきください。
＊児相《じそう》、家裁《かさい》といった短縮語がよく使われていますが、児相・ジソウは児童相談所のこと、家裁は家庭裁判所のことです。
＊50の物語は青山さくらが、解説・まとめは川松亮が執筆しています。
＊注は、青山さくら・川松亮の作成です。

1　ジソウはコワイ?!

1 ジソウはコワイ⁈

相談室で会った少女の印象は、幼いというかあどけないというか、なんでこの子が「放火」⁉　警察からの通告書には、教室で教科書を燃やしたと書いてある。少女は、私が尋ねることにただ「ああ」とか「はぁ？」とか、めんどくさそうに受け答えするだけで、身体全体から不満臭を出している。目を合わせようとせず、私に対して、ゼッタイ心を開いてたまるかと決めているように、下あごを右に少し曲げて口を半開きにしたまま、壁に貼ってあるカレンダーのどこか外国の風景写真をじっと見つめている。

私は、何回かの面接で、この少女に自分のやったことを「反省」させなければならないのだが、どんな言葉をかけていいのかわからない。調書の家庭欄を見る。父、パチンコ依存で借金をつくって行方不明、母、人格障害の疑い…。公営住宅の2DK、7人きょうだいの真ん中で…。彼女のふてくされた顔を眺めながら、彼女の境遇に「同情」めいた感情がわいてくるが、そんな気持ちだけではいつまでたっても少女とは接点がつくれない。

児童福祉司がなにをする仕事かもよくわからないまま、児童相談所（以下、児相）に勤務して数年になる。朝、出勤すると、電話がいっせいに鳴り出して、6本ある回線が全部赤ランプに変わる。相談電話が次々に入るが、相談の内容によっては、1時間、2時間になるのはざらだ。受話器につけている耳が痛くなる。

相談件数は年々増えるし、児童虐待への対応などしんどい仕事も多いせいか、児童福祉に熱意のあった人も、出勤できなくなって児相を去っていくことも少なくない。私も年間100件以上の対応ケースを抱えて、精いっぱいの日々。いつまで続けられるかなあ…と、時々弱気になる。

保育園や学校などから虐待通告が入ったら、すぐデジカメを持って確認に向かう。あざや傷の証拠を撮っておいて、一時保護（注1）。親は「子どもを返せ！」と怒鳴りこんでくる。「親が子どもをしつけるのは当たり前じゃねぇか」とわめき散らす。殴られそうになったことも何度もある。最初はビックリして頭が真っ白になった私も、最近は「今夜、なに食べようかな」などと考えながら、親の興奮が収まるまでじっと待つ余裕も出てきた。

家庭訪問することも多い。部屋を「片づけられない」母と子が暮らす団地の一室。風呂もトイレも使えず、悪臭で吐きそうになる。ごみ溜めのような部屋で寝ている子どもを、母を説得してなんとか児童養護施設に入れたこともあった。

施設の子どもたち一人ひとりに、必ず担当の児童福祉司（56頁参照）がいる。児童福祉司はいわば仮親みたいなものだから、施設や学校の先生との面接だけでなく、入学式や卒業式、授業参観や運動会にも出かける。施設に入っている子どもたちが問題を起こすと、飛んでいかなければならない。子どもの側に立って子どもの味方になってやらなければ、とそう思うのだが、しでかしたことを聞くと腹が立つこともある。「ムガイ」というのは「無断外出」の略語だとはじめて知った。子どもたちは「トンヅラ」と言っていた。

児童相談所だけれども、子どもよりもどちらかといえば親と話す時間の方が長い。親たちの話を2時間も聞いたあとは、疲れてしまってしばらく仕事が手につかない。親たちが語るのは、子どものことというより、自分の親のこと、育った境遇のこと。親からこんなにひどい扱いを受けたから、自分の子どもにも同じようにしてしまうのか。不幸の連鎖は誰がいつ止められるのだろうか。やはり貧困問題は大きく横たわっている。

児童虐待防止法が施行された2000年当時、全国で約1万8000件だった虐待相談件数は、2006年に3万7000件を超えて倍増（100頁参照）。週にひとりの割合で子どもが虐待死するような状況の中で、児童虐待防止法は2度改正され、保護者に対して立入調査（注2）や子どもの保護・入所措置（注3）など、児童相談所の「指導権限」が強化された。「子どもの生命を脅かす、または脅かすおそれのある保護者から、子どもを強制的に分離する」ことが児童相談所の社会的な役割になったわけで、「ジソウは子どもをとるコワイところ」と言われる所以《ゆえん》である。

子どもを保護し、親から分離しただけではなにも「解決しない」。無力感にとらわれることも多い。日々持ち込まれるケースに追われながら、ほんとうの「解決」ってなんだろう…と、いつも悩んでいる。

（2009年4月）

注1 **一時保護と職権保護** 子どもの安全の確保のため必要に応じ一時保護（児童福祉法第33条第1項）をおこなうことができる。そのうち、保護者の同意なく一時保護をおこなうことを職権保護と呼ぶことがある。

注2 **立入調査** 児童虐待がおこなわれているおそれがあると認める時は、児童相談所長の決裁のもと、児相の職員が家庭内に立入調査することができることとなっている。

注3 **入所と通所、措置（施設措置）** 通所（指導）は、在宅のまま児童相談所に通所し指導をおこなうこと。入所は、児童福祉施設等への入所措置のこと。措置は、親権者等が反対の意思を表明している場合にはおこなうことができないが、家庭裁判所（家裁）の承認を得られれば入所可能となる。

2

「非行少年」と呼ばれる子どもたち

中学2年生のKくんは、小柄で、おとなしい表情の少年だった。神社の境内で同級生に暴力をふるったということで、警察から通告があり、私がKくんを担当することになった。

Kくんと保護者を児相に呼んで、面接をはじめた。Kくんは、その時すでに1週間ほどうちには帰っておらず、友だちの家を転々としていた。なんで家出するの？と聞くと、うちがつまんないからに決まってんじゃん、当たり前のこと言うなよ、と即答したKくん。金髪に鼻ピアスの憎めない男の子だった。

呼び出せば、児相へは時間通りにやって来た。私が語ろうとする「いい話」には耳を傾けず、説教すんなよ、学校なんか行かない、昼間はうちに帰ってるから家出じゃないよ…などと好き勝手なことを言って、帰っていく。

Kくんの両親は、彼が小学1年生の頃に離婚。母親とKくんを経済的に援助する男性が現れ、その人を頼って母子は他県から引っ越してきた。Kくんが中学に入る前だという。知らない町の中学校に入学したKくんは、1週間ほど登校しただけで、それからずっと学校には行っていない。

「非行」というカードをめくると、裏側にはさまざまなものが見えてくる。Kくんの場合、幼い頃から両親のDV（ドメスティックバイオレンス）を見て育ち、自分も日常的に殴られていた。殴られる時は拳骨《げんこつ》が当たり前で、父親にはよく投げ飛ばされて家具などで頭をケガすることもあった。たたかれたりして鼻血がよく出た、とKくんは語っている。どういう理由でそんなに殴られたの？　と聞いても、Kくんは、それがあんまり覚えてないんだよねぇ、と言う。

児童心理司（注1）が診断したところ、Kくんは学力は問題はないが、耳から入る情報をうまく処理できていないことがわかった。面接でも、よく「え？　なに？」と聞き返し、おれ耳悪いんだよね、と言っていたが、聴力の問題ではないようだ。意味わかんねぇ、がKくんの口癖だった。親から、何度言ったらわかるんだ、何回言わせるんだと、よく怒鳴られた。同級生と口論になった時も、言っていることがよくわかんなくてムカついて、気がついたら殴っちゃってたんだよね、と振り返っていた。だから、面接では、伝えたいことをなるべく紙に書いて、視覚的に説明するようにした。

ある時Kくんに、盛り場を徘徊《はいかい》する女の子の話をして、「この子はどんな気持ちなんだろうね」と尋ねたことがあった。Kくんは、めずらしく真顔で「そりゃあ親に探してほしいんだよ」とさらっと答えた。あぁ、この子も、家出している自分を親に必死になって探してほしいんだなぁ、と思った。あとで母親に、これがKくんの気持ちではないかと話したが、そうですか、とめんどくさそうに言うだけだった。

中学校も、Kくんに冷たかった。不登校のKくん宅を家庭訪問することもなかった。なんでも、Kくんは校長室で暴れたことがあったのだそうだ。ピアスをはずして、髪の毛も黒く染め直して、ちゃんと制服を着て登校するのなら受け入れます、教室には入れませんよ、当分は個別指導です、というのが学校側の主張だった。「他の生徒を守らなきゃいけない我々の立場も理解してください」。生活指導の教員は苦しそうに顔をしかめてそう言った。

Kくんが小学校の頃に通っていた学習塾の先生が、Kくんに会いたいと遠くから児相を訪ねてきた。久しぶりに先生と対面したKくんは泣いていた。先生は、Kくんは足が速くて県大会まで行ったとか、勉強がよくできたとか、この子は黒板に書いて説明するとちゃんとわかる子なんだと、Kくんを前に語ってくれた。先生は、Kくんが聞くだけでは理解が十分ではないことをよくわかっていたのだ。この子が今でもあの町にいたら、子ども会の世話や祭りの準備を手伝わせるのにと、先生は残念そうに帰っていった。

それからしばらくして、児相にも寄りつかなくなったKくんは、中学を形式卒業した。その後はどうなったのかわからない。Kくんは自分の居場所を探し当てたのだろうか。

児相の私の同僚は、家裁（家庭裁判所）に「送致」（注2）すればよかったのにと言った。でも私は、そんなふうにはしたくなかった。母親がつきあっている男性や、母親にも手をあげず、家庭内暴力にもならず、自分が家を飛び出すことで解決しようとしていたKくんには、Kくんなりの選択があったのだと思う。

昔、テレビで見た「金八先生」みたいに、私も夜の町を駆《か》けずりまわって、Kくんを探してあげればよかったのかなぁと、時々思うことがある。

（2009年10月）

注1　**児童心理司**　児童相談所において心理学の専門的知識に基づく心理判定業務や面接等に携わる職員のこと。

注2　**送致**　取り扱っている案件の権限と責任を別の公的機関に移管する手続き。家庭裁判所の審判が必要と判断した場合に、児相から家裁へ送致する。

3 ジソウの人はうそつき

朝、駅を降りて児相に向かう道端に、小さなお地蔵さんがあって、私はいつもちょっとだけ手を合わせる。今日も1日無事ですごせますように、子どもが死んだりしませんように…。

その日は、事務室に入った途端に電話が鳴り出した。電話を取ると、いきなり「この税金泥棒！ 冗談じゃないよ、子どもを返してよ！ あんたたちのやってることは誘拐だよ！ わかってんの！」と、ろれつのまわらない声で怒鳴り散らされた。Mちゃんの母親だった。朝一番からつらいなぁと思いながら、「お母さん、この間私に、もうお酒は飲まないって約束したじゃない、Mちゃんが悲しむわよ」とつい責め口調になってしまう。「うるさい！ あんたたちグルになって…アタシはねぇ…アタシはねぇ…」。もうなにをしゃべっているのかわからない。こちらの問いかけには一切答えず、「これからオトシマエつけに行ってやる！　待ってろよ！」と大声で怒鳴って電話は切れた。時計を見ると30分近くたっていた。あぁしんどい。ほかの仕事が手につかず、母親とMちゃんが暮らしていた公営住宅の有様を思い浮かべて、においというのは意外と記憶に残るんだなぁ…と考えていた。

小学校から、2年生の女の子が母親に殴られているようだ、学校も休みがちとの通告を受け、はじめて家庭訪問した時の様子は、今も忘れられない。

ごめんくださーい、とドアノブの壊れた扉を開けた途端、襲ってきた臭気。「うっ」と口をおさえた瞬間、身体が前に行かなくなった。暗い室内に人がいる気配がして、声をかけたいが、口も動かないし、足も止まったまま。あんな経験ははじめてだった。台所には弁当のプラ容器が人の背の高さまで積まれ、汚れた鍋や食器が山になり、マルチーズという犬種なのだろうか、キャンキャン吼《ほ》えながら犬が2匹も出てきた。玄関には泥まみれの靴が散乱し、犬の汚物も見られた。傍らにはサプリメントのビンが大量に散乱しており、色鮮やかなラベルが妙にきれいで、不思議な感じがした。奥の部屋に2段ベッドがあり、上の段に寝ていたMちゃんが起き上がって「はい」と答えてくれた。よく見ると、缶チューハイの空き缶が床いっぱいに転がって、下の段には母親が寝ているらしかった。

「お母さんの病気が治るまでお泊りしようね」と説き伏せて、Mちゃんを児童養護施設に入れた。Mちゃんはとても賢い子だった。施設でも転校した学校でも、一見すれば明るく元気に過ごしていた。でも私には心を開こうとせず、施設を訪ねても、私の問いかけには「はい」と答えながら、私の顔を見ようとはしなかった。母親のことも自分からは聞いてはこなかった。Mちゃんは、施設の指導員に、「ジソウの人はうそつきだからキライ」と、そんなふうに言っていたそうだ。

私は、「お酒をやめてくれたら、やめる努力をしてくれたら、Mちゃんに会いに行きましょうね」と母親に言って、Mちゃんと会わせないようにしていた。生活保護を受けさせ、業者を入れて室内を清掃し、2匹の犬は民生児童委員のお宅に「預かってもらう」ということで母親を納得させた。保健師と相談して、アルコール依存の自助グループに通ってもらったが、しばらくすると彼女はまた酒を飲みだした。

そういう私も、児童福祉司になってから毎晩ビールを飲むようになっていた。虐待やら非行やらその日のややこしい出来事を、ビールで流し込んでしまわないと、夜眠れないような気がするのだ。私が子どもの頃、家のいたるところにカップ酒が隠してあり、家族に隠れるように酒を飲む母をずっと嫌悪してきたのに…。

ある日、母親が覚せい剤の常習で逮捕された4歳の男の子を保護した。施設へ連れていく電車の中で、男の子はおにぎりをにぎるまねをして、「はい、おまたせ」と言って私に手渡してくれた。私も「いただきます」と言ってむしゃむしゃ食べるまねをしたら、とてもうれしそうに笑ってくれた。施設で指導員に引き継ぎをしたあと、男の子に「このせんせいとおへやに行ってね、また来るからね」とバイバイしようとすると、突然、男の子が私にしがみついてわんわん泣き出した。母親と別れたこの子にとって、今頼りにできる大人は私だけなんだと思うと、切なくて涙があふれた。

いつか、Mちゃんにも頼りにされるジソウの人になりたいと思った。

（２００９年12月）

4
お腹に赤ちゃんがいる時がしあわせなんです

前任者から引き継いで3年、ずっと行方不明だったAさんが、ある日突然「子どもに会いたい」と言って窓口に現れて驚いた。生きていたんだ…。31歳、派手な化粧にもかかわらず、年よりずっとやつれて見えた。

子どもを産んでは産院から逃げ出すAさんの話は、伝説のように担当者に語り継がれてきた。この10年あまりの間に、父親の違う6人の子どもを児相は預かり、乳児院から里親家庭（注1）に託していた。私は4番目の小学校1年生の男の子、Bちゃんを担当して3年、はじめての対面だった。

生活保護を受けて女性の更生施設で暮らしていると言い、「子どもたちは元気でしょうか？」と聞くのだが、子どもたちの名前も曖昧《あいまい》で、こちらがなにか尋ねるたびに、「さあぁ」と首を傾《かし》げている。小1時間ほどかけて、Aさんの記憶をたよりに、出産の経緯や子どもの名前、生年月日を表にしてみると、ひとり足りないと言う。「この子とこの子の間に確かひとり…」。C県で産んだ、と言うのですぐに問い合わせたが、該当なし。記憶はどこまでも曖昧だったが、「お腹に赤ちゃんがいる時がしあわせなんです」と笑顔で語った。

Aさんは軽度の知的障害があり、療育手帳を持っていた。中学まで当時の「特殊学級」で学び、卒業後は住み込みで団子屋で働いたものの、仕事を覚えられずに飛び出してからは、職を転々とし、少年院にも入ったことがあるらしい。10代の頃、「おじさん」（母の内縁の夫）に強姦《ごうかん》され、それからはこわくて実家に帰っていないと言う。

子どもたちはそれぞれ養育家庭で生活していた。私が担当するBちゃんも里親さんを両親と思って慕っているが、産んでくれたお母さんが別にいることは伝えている。それでも「子どもに会いたい」というAさんの願いをすぐに叶《かな》えることはできないので、「写真を用意しておくから、後日来てね」とその日は帰ってもらった。

それぞれの子の担当児童福祉司に子どもの写真を用意してもらい、Aさんに電話したが連絡がつかない。更生施設に問い合わせると、携帯の使いすぎで通話料が月に10万を超え、福祉事務所のケースワーカーが携帯を取り上げたという。無断外泊が続き、更生施設でもどこでなにをしているのかわからない状態だった。それからしばらくして、Aさんはまた行方不明になった。つきあっている男性がいたようだ。住民票が移っていることがわかったので、私は写真を持って訪ねることにした。子どもに会いたいという想いが本当のものだと信じたかったし、写真を見せて喜ぶ笑顔も見てみたかった。

訪ねたのはフーゾク街の真ん中にあるマンションだった。オートロックの豪華そうな建物で、部屋番号を押して何回も呼び出したが、応答はない。あたりは平日の朝9時台だというのに、ネオンがチカチカし、蝶ネクタイの店員が道ゆく男性に声をかけている。誘われて店に入っていく男性もいた。Aさんもこのネオンの中で働いているのだろうか…。時間をおいて再挑戦したが同じだった。「電話待ってます」と走り書きを郵便受けに入れてきたが、未だに連絡はもらえていない。

突き止めなければならないことがもうひとつあった。Aさんがまた行方不明になる前、ケースワーカーに「心配だ」と相談していたのは、彼女が10代で産んだ女の子、Dちゃんのこと。Dちゃんだけは Aさんの実家で、おばあちゃん（Aさんの母）と「おじさん」に養育されていた。Aさんは自分を強姦した「おじさん」が娘にも手を出すんじゃないかと心配していたのだ。

Dちゃんも軽度の知的障害があり、中学の特別支援学級に在籍していた。担任の女性教員に事情を説明し、それとなく「おじさん」との関係を聞いてもらったが、性的虐待を疑うようなエピソードは出てこなかった。おばあちゃんをお母さんと呼び、「おじさん」をお父さんと呼んで、「両親」との生活に満足しているらしかった。おばあちゃんも生活保護世帯で、担当のケースワーカーに聞くと、内夫はすでに60代半ばで週に2回人工透析を受けており、日常生活にも不自由するほど足腰も弱っているらしい。「おばあちゃんに、なにを尋ねてもにこにこうなずくだけで、（虐待なんて）理解するのが難しいんじゃないですかねぇ…」。結局、性的虐待の糸口はつかめないまま、教員とケースワーカーにDちゃんの「見守り」をお願いするしかなかった。

（2010年2月）

注1　里親制度、専門里親　さまざまな理由で親と暮らせない子どもを家庭で養育する制度を里親制度という。里親手当や養育費用が自治体から支給される。とくに援助が必要な被虐待児などを養育する里親を専門里親という。

5 子どもはプレシャス（宝物）⁉

「プレシャス」（注1）という映画を観た。実の父親から性的虐待を受け、父の子どもを産み、母からも虐待を受け続けた16歳のアフリカ系アメリカ人の女の子（プレシャス）の話。同僚に映画の話をしたら、「私はゼッタイ観たいと思わない」と呆《あき》れられた。そりゃそうだなと思う。私だって、映画を観ながら、自分が担当した子どもの顔を何人思い浮かべたことか。父親からの性的虐待なんて想像できない…と多くの人は言うが、私たちの職場ではあまりに身近で、一番つらい仕事なのだ。

性的虐待とは、「児童にわいせつな行為をすること又は児童をしてわいせつな行為をさせること」。加害者は実父が最も多く、次いで母の再婚相手や内縁の夫。加害の「父親」を断罪してやりたいと思うが、実際には手出しできないことが多い。あざや傷なら証拠写真が撮れるが、頼みは子どもの告白だけ。刑事告発も難しい。密室でおこなわれるため、認知件数（児相がかかわるケース）は氷山の一角と言われている。

先日、私の職場の支援会議でも、全員が行き詰まり、長い沈黙が続いたことがあった。当事者の証言が翻ったのだ。「性的虐待はなかった」と。

高校2年の姉と中学3年の妹。姉が妊娠し、病院に行った時は6ヵ月を過ぎており、産むしかなかった。高校は中退。出産後、姉は「子どもの父親は実の父だ」と医師に打ち明けた。姉妹の母は驚いて、姉と生まれた子ども、妹を連れて家を出たという。医師からの連絡を受けてすぐに母と姉に話を聴きにいったが、母も姉も「あんたたちに言うことはなにもない。子どもは交際相手の子で、しっかり育てていくからかかわってほしくない」と拒否。医師も、「本人がそう言うなら虐待通告は取り下げる」と言い、虐待の事実を立証する根拠が消えてしまった。

当初、母は福祉事務所にDVで逃げたいと相談していたが、保護施設には行きたくないと言い出している。施設に行くと転校せざるをえない妹がかわいそうだと、今は同じ市内の知人宅に、母、姉とその子、妹の4人が身を寄せている。女性相談員も「逃げるよう説得したけど、無理みたいですね。このままでは、みんな父親のところに帰ってしまうかも」と言う。

娘が夫に犯されて、子どもまで産まされて、それで、なんでまたもとの暮らしに戻ろうとするのか。娘の妊娠に気づかなかったのか、夫が娘と性行為をしていることを母はまったく知らなかったのか、同じ家に住んでいて…。

新生児訪問をした保健師は、「生まれた子は元気だが、妹が時々、父親の家に帰っているようで、姉が心配している。妹は、姉と父の関係はなにも知らないようだ」と伝えてきた。しかし保健師は、「私から聞いたことは内密にしてほしい。姉との信頼関係が崩れたら困る。くれぐれも…」とつけ加えた。

民生委員からの情報では、父は宅配便の配送員。20歳の兄はフリーター。深夜、コンビニでバイト。妹は兄を慕っていて、学校帰りに家に寄って食事をつくったり、掃除や洗濯をしてから母のもとに帰っているという。

妹が危ない！　私は支援会議の中で叫び続けた。妹が、父や兄からなにかされていないか聞き出しをしなければ。中学校の協力を得て、妹に迫ってもらおう。不適切なタッチはないか、不快な思いをしたことがないか、被害にあっていないか、誰かに聴取してもらわないと。しかし、担当する若い児童福祉司は「妹は大丈夫だと思います」と言う。「私たちの仕事に〈大丈夫〉なんてあるの！」。興奮した私はつい声を荒げてしまい、彼女は泣きながら会議室を出ていった。（ちょっと言いすぎだよ、彼女もがんばってるんだから）その場にいた同僚たちがそんな目で私を見ていた。私もわかっているのだ。担当の彼女は、父の子どもを産んでしまった姉になんとか寄り添おうと訪問を続けている。妹の中学は協力的ではない。スクールカウンセラーは男性で、校長も「気になることがあったら連絡しますから」と言うだけ。当事者がＳＯＳを出さない限り、関係機関は踏み込めないのが現実だ。

しかし、それでエンディングにしていいのか。家庭は守られるべき場所のはず。生活力のない子どもにとって、家庭の安全が侵されれば逃げ場はない。子どもたちの闇に、ちょっとでも希望の光を射すことができたら。映画の主人公、16歳のプレシャスは、オルタナティブスクール（代替学校）で、読み書きを覚え、仲間と出会い、自分を表現することを学ぶ。人として成長していこうとするプレシャスの姿に、私は救われた気がした。

（２０１０年６月）

注１　映画「プレシャス」（２００９年、アメリカ、監督リー・ダニエルズ、１０４分）。サファイアによる小説『プッシュ』を映画化した作品。１９８０年代後半のニューヨーク・ハーレムを舞台に、過酷な運命を生きる16歳の黒人の少女・プレシャスの物語。日本公開は２０１０年４月。

50の物語で考える
子ども虐待と児童相談所

6 嫌われM男のこれから

ビールを飲まないと眠れなくなった。猛暑のせいばかりではない。ちっともかわいくない M 男に振りまわされて、私は夏休みも取れず、イライラしていた。

M 男は中学1年生。学校で上級生を殴ってケガをさせ、警察経由で一時保護された。M 男の一時保護は3ヵ月を越え、一時保護所の所長からは早く「処遇」を決めてくれと催促されていたが、M 男には行き場がないのだった。

M 男の母は産後まもなく失踪《しっそう》した。「もっと遊びたい」と祖母にひとこと言い残して出ていったきりだという。祖母はスナックを経営し、夜働いていたので、M 男は乳児院に預けられ、児童養護施設で育った。小学4年生の時、担任が「またアナタなのね」と注意したその言い方にキレて、教室中におしっこをまき散らし、非行や施設不適応の子どもたちが入所する「児童自立支援施設」（注1）に入所することになった。

M男が小学校高学年になる頃、腰を痛めてスナックをやめ、生活保護を受けて暮らしていた祖母が、突然M男を引き取りたいと言い出した。M男も祖母のもとに帰ることを望んだため、小学校卒業時に、はじめて祖母と暮らすことになった。祖母といっても50歳ぐらいで、男性関係やアルコール、パチンコなどいろいろ噂のある人だった。ひょっとしたら児童手当が目当てなのかと不安もあったが、ずっと施設で生活してきたM男のことを考えると、祈るような気持ちで祖母に渡したのだった。

しかし、祖母との生活は2ヵ月ともたなかった。祖母は「あんな悪魔の子とは一緒に暮らせない」と言って、警察にM男を引き取りに行かなかった。M男の母を山中の廃屋に監禁して何日も暴力を浴びせ続けた、悪魔のような父親に、M男はそっくりだと。

警察から一時保護されたM男はひどく荒れた。保護所の壁に穴をあけ、職員に悪態をついた。就寝時間を守らず、深夜までテレビを見せろと怒鳴り、朝の職員の起こし方が気に食わないと言って、味噌汁の鍋をひっくり返し、カーテンを引きちぎって庭に投げた。

そのたびに私は保護所に呼ばれ、M男と相談室で向き合った。私がなにを言っても、ふて腐れて「わかんない」と言うだけ。「何回言ってもわかんないんだったら、もう出て行きなさい！」と怒鳴ったら、M男はほんとうに表に駆け出した。私は必死で追いかけた。近くの公園でM男を捕まえ、帰ろうとすると、M男は「マック行きた～い」と駄々をこねるように言う。私も疲れてのどが渇いたので、駅前のマクドナルドに行った。M男は、あれ食べていい？　あれもこれも…とハンバーガーやポテトやアイスをトレーいっぱいに注文し、ガツガツとおいしそうに食べながら、「壁の修理代とか、全部ババアに弁償させてやりゃいいいんだ」と言った。そして、「どうせ、先生たちはおれのこと追い出そうとしてんでしょ」とも言った。

M男の言うとおり、私も保護所の職員も、M男を早く追い出すことばかり考えていた。どの施設にあたっても、M男の行動観察記録を見ただけで断られた。M男の行き場はどこもなかった。M男の所業より、私はほんとうはそのことにいらだっていたのだった。

次の施設を決めることで頭がいっぱいだった私は、その面接の日が、M男の誕生日だということを朝の電車の中で思い出した。駅を降りてコンビニで小さなケーキを買い、キャンドルを探したがなくて、カメヤマローソクを買った。「こんなのしかなくてごめんね」と謝って、仏壇用の短いローソクを13本立てて火をつけ、「お誕生日おめでとう！」と言ったら、「マジかよ」と照れながら、M男は1本1本ローソクを吹き消した。案外、楽しそうだった。

中学1年のM男が殴ったのは、剣道部の3年生だった。M男は卓球部だったのになぜ？…いくら聞いてもM男はなにも言わなかった。M男は児童自立支援施設にいた小学校の3

年間、剣道に打ち込んでいた。その頃の評判を聞いて、入学した中学の剣道部の顧問が熱心に誘ってくれたが、M男は「剣道はもうやらない」と頑《かたく》なに断ったという。顧問は「防具のことだったら心配するな。学校のを貸してやると言ったんですけどね」と語っていた。

9月初旬にM男が入所できそうな施設が見つかった。仮にその施設に入れたとしても、M男が落ち着くとは思えない。「将来、どう生きていきたいの？」と聞いても、M男は「わかんない」と答えるだろう。M男は、自分のこれからについて、ほんとうにわからないんだと思う。

私は、入所予定の施設長に、剣道の防具を買ってもらえないかと頼んでみることにした。

（2010年10月）

注1　**児童自立支援施設**　法に触れるなどの非行行為をした14歳未満の子どもや、法に触れる行為をするおそれがある子どもを入所させ、生活・学習・労働が一体となった指導をおこなって自立を支援する児童福祉施設。

7 これより立入調査をおこないます!!

昨年(2010年)末のこと。となり町の公民館主催の子育て支援講座に講師として呼ばれて、児童相談所での仕事について話をさせてもらう機会があった。

質疑の時間になって、ひとりの年配の女性が、こわい顔をしてこんなふうに言った。

「あなたたちは、いったいなにをしているの! 子どもたちが虐待で死ぬ前に、もっとなんとかできないの! どうして虐待されている子を保護してあげられないの! おかしいわ!」

その女性は、2010年8月に大阪で起きた、マンションで幼いきょうだいふたりの遺体が見つかった事件を取り上げ、「テレビのニュースを見ていて、おもわず涙が出て孫を抱きしめたわ、ねぇ」と、まわりの人たちにも同意をうながすように、そう発言した。

事件では、「夜中にママー、ママーと泣いている」という近隣住民からの通告が何度もあったのに、児相も警察も子どもたちの確認すらできなかった。逮捕された23歳の母親は、子どもを置いたまま遊びにいっていた。

ほかの参加者からも次々に発言があった。

「留守だった？ 確認が取れなかった？ そんなのおかしいじゃないですか！ ドアを蹴《け》破ってでも確認してくださいよ。間違いだったとしてもいいじゃないですか」。

痛ましい虐待報道に接した時、多くの人たちが「なんとかならないのか」と、持って行き場のない重苦しい気持ちを抱える。講座の会場には、人々のそんな感情があふれ出たという印象だった。

「児相で働いていても、なんとかならないのかなぁって、毎日思うんですけどね…」と私が言うと、会場は途端にしらけた。あんたにそれを言われたらおしまいなんだよって感じ？ 私は、取り返しのつかない決めゼリフを言ってしまったなぁと、ちょっと落ち込んでしまった。

『週刊少年サンデー』に「ちいさいひと　青葉児童相談所物語」(注1)と題して、22歳の新任イケメン児童福祉司が児童虐待に立ち向かうマンガが掲載され、びっくりした。小中学生をターゲットにしたメジャーマンガ雑誌に、ジドウフクシシが登場するなんて…。

そんな若いイケメンさんなんかどこにもいないよねぇと言いながら、職場のみんなでマンガをまわし読みした。同僚たちの感想は、ちゃんと取材してるねとか、受理会議の雰囲気がなかなかリアルなど、おおむね好評。

主人公の相川健太が、「児童虐待防止法第9条に基づき、これより立入調査をおこないます‼」と言い放つ場面は、正義の味方の決めゼリフが光ってカッコいい。私もこんなふうに言ってみたい。

毎号、マンガの最後のページに、児童虐待についてのていねいな解説が載っているのにも驚いた。児童虐待とは？　虐待死の現実、児童福祉司ってなにをする人？　児童福祉司の仕事量は？　一時保護所とは？　虐待の傷は体だけに残るんじゃない、虐待行為は「魂の殺人」、虐待された子どもたちとの向き合い方等々、それぞれの項目を簡潔で的確な文章で説明している。

そして、「君の周りで虐待を受けたと思われる子どもを見つけた時や、君自身のことで相談したいことがあれば、児童相談所や市町村の窓口に連絡してください」と結んで、ナビダイヤル（児童相談所全国共通ダイヤル、189《いちはやく》）もついている。

これを読んでいて、期待するのは当事者性の高まりだ。児童虐待を、学校の先生や、近所の人たちが気づく前に、虐待の当事者である子ども自身がもっともっと通告してくるようになったらいい。

マンガでは、虐待を発見した時、児童福祉司たちがどんなふうに議論し、なにに悩んでいるのかが具体的に描かれていた。一時保護所の存在や、そこにはやさしい保育士がいて、とか。連携して支援にあたる保健師や医療ソーシャルワーカーの存在とか。子どもたちにとっては、なにが虐待で、虐待から救われるためのしくみやさまざまな職種の人たちが支援してくれる様子が見えてくるのではないだろうか。

「サンデー、見たんですけど」って、小学生が児相に電話をくれたら、いいなと思う。児相や児童福祉司が、子どもたちにとってもっと身近な存在であったら…「児童相談所」という名前の通り、子どもが相談できる機関になりたい。

（2011年2月）

注1　『ちいさいひと　青葉児童相談所物語』（少年サンデーコミックス全6巻、作：夾竹桃《きょうちくとう》ジン、シナリオ：水野光博、取材・企画協力：小宮純一）新米児童福祉司、相川健太が子どもを救うために奮闘する物語。健太は幼少時に母親から児童虐待を受けて保護されて里親に育てられた。『週刊少年サンデー』『週刊少年サンデーS』（小学館）にて、2010年から2013年まで不定期連載。2016年から続編『新・ちいさいひと　青葉児童相談所物語』が再連載（少年サンデーコミックス6巻、現在も連載中）。

8 「答えは出ない」のか

2010年1月、東京都江戸川区で、小学1年生の男の子が、食事に時間がかかることに腹を立てた両親から、顔や頭を殴るなどの暴行を受けて意識不明になり、医療機関に搬送されたが翌日死亡する、という事件が起きた。

裁判員裁判では、傷害致死罪に問われた継父(31)に懲役8年、母(23)に懲役5年の判決を言い渡した。判決後、裁判員のひとりが「虐待を防ぐ答えは出ない」と葛藤が続く心の内を語った、という(毎日新聞、2010年10月5日)。

東京都は、ホームページにこの事件の検証会議報告を載せている。

それによると、この子が亡くなる4ヵ月前、受診した医療機関の医師が顔と身体のあざを見つけ、この子から「パパにぶたれた。ぼくは悪いことはしてない。ママは黙って見ていた」と聞き取っている。医師は区の子ども家庭支援センターに虐待を通告した。しかし、それはなぜか10日後のことで、報告を受けた子ども家庭支援センターは、電話で学校に登校状況を確認しただけだった。

その後、欠席が続いたので家庭訪問をした担任教師が、男の子の顔が「1・5倍に腫《は》れあがっていた」と報告している。

担任からの報告を受けて、校長はすぐ親のもとに行き、虐待をやめるよう指導したようだ。その時、継父は「もう2度と殴りません。子どもを病院に連れていきます」と述べ、それで校長は、保護者に理解を求めることができたと安心して、区の子ども家庭支援センターに「学校で対応しますから」と報告。区も学校任せにして、児相に情報提供する程度に留めておいた。

私が勤める児相でも、この「情報提供」というのは危険レベルが一番低くて、そういう案件は、ファイルボックスにひょいと挟んでおくくらいの処理になっている。

しかし、危険レベルは低くなかったのだ。担任が語った「顔が1・5倍に…」という言葉からは、日常的に凄《すさ》まじい虐待が男の子に加えられていたことが想像できる。が、その言葉の重さは関係者の間で共有されず、結果として動ききれなかった。

遺体には、火傷や古い傷、あざが無数にあり、長期にわたって虐待を受けていた可能性が指摘されている。男の子が亡くなる前日、学校では身体検査がおこなわれていた。着衣のままの身体検査では、そうしたあざや傷は確認されず、次の日に男の子は殴り殺されてしまった。

検証会議報告は、男の子の虐待死までの約10ヵ月の関係機関の動きを時系列で書き出している。どこかのタイミングで、どこかの機関が、もっと介入していれば、男の子の命は救えたかもしれない。「パパにぶたれた。ぼくは悪いことはしてない」と男の子が言った時に、「顔が1・5倍に腫れあがっていた」その時に、学校や児相が協力して一時保護ができなかったのか。

やはり保護すべきだったと思う。親は保護には抵抗するだろうが、この親たちもひょっとしたら、誰かに虐待を止めてほしかったのではないだろうか。

そしてなぜ、当事者の子どもにもっと寄り添い、話を聞いてあげることができなかったのか。この子から虐待について直接聞いたのは、あざを見つけた医師だけである。小学校1年生のこの子は、パパにぶたれ、それを黙認するママのもとで、どんな思いでいただろう。「君がたたかれたりするのは君のせいじゃないんだ。お父さんやお母さんがもう君を蹴ったりたたかないって約束してくれるまで、一緒にお泊りしようね」。こんなふうにこの子に語りかけていたら、保護できていたら…。男の子のほんとうの気持ちを、誰も聞いてあげないまま見殺しにしてしまった。

学校が子どもを見守っているはず、ではダメなのだ。児相も子どもの表情を見て、声を聞いて、危険レベルを判断しないと。

一方で、母がどんな気持ちでいたのかが気になる。地裁の判決では、継父とともに母も「反省の態度に疑問が残る」とされた。母は中学生で妊娠し、15歳でこの子を出産している。出産後は高校に行かず、彼女の母と3人で暮らしていたが、しばらくするとひとりで東京に出て、男の子は祖母に育てられた。小学校入学前の2月に、母が継父と結婚したことにより、男の子は引き取られて3人で暮らすようになった。

不安や孤立の中の10代の妊娠・出産が、虐待死と結びついているのではないか。保健所や産婦人科などで若い母親たちの交流の場をつくる動きもはじまっている。ただ母を非難するのではなく、15歳の彼女への支援がその時もっとできていたらと、それもまた悔やまれる。

（2011年4月）

9 まじめな虐待

そのお父さんは、小学6年生の男の子をいつも叱っていた。お父さんの言い分は、「この子が嘘をつくから、しつけのため」というもの。宿題やったのか？　やったよ。嘘だろ、見せてみろ。ほらやってないじゃないか！　どうしてそんな嘘ばかりつくんだ！　お父さんは、男の子を最初は平手で、言っても聞かないからと、グーで何度も殴った。鼻血が止まらないほど殴ることもあった。だから男の子は、家を飛び出して、近所の立体駐車場の隅っこで寝たり、友だちの家に泊めてもらったりして、何日も家に帰らなかった。

お父さんは会社員でお母さんは看護師。一戸建ての家に暮らすフツウの家庭。2つ下の妹はおとなしいというか、賢くて、両親に言わせると「育てやすい子」。男の子は保育園の頃から嘘ばかりつく「どうしようもない子」だったという。

男の子は、家からお金を持ち出して、コンビニで弁当を買って食べ、どこかで一晩過ごして、朝になるとちゃんと学校に行くものだから、学校の先生は、親に言われるまで家出のことをまったく知らなかった。両親は、はじめは近所を探しまわって、男の子を見つけては連れ戻し、また逃げれば追いかけていたが、だんだん男の子が家出することに慣れてきて、またいないのか、と思っても探そうとはしなくなった。

両親には内緒で、男の子を泊めたりご飯を食べさせたりしていた友だちのお母さんが、いよいよ見かねて学校に相談し、校長が児童相談所に男の子を連れてきた。男の子は「児童養護施設にぼくを入れてください」と言った。ていねいな言葉遣いのできる子だった。男の子には、少し吃音《きつおん》があり、施設のことを誰から聞いたのと尋ねると、「ド、ドラマで見たんです」と答えた。

お父さんもお母さんも、この子の吃音を治そうとして、有名なクリニックに通ったり、さまざまな療法を試みたのだそうだ。

「どもるのは完全にはよくならなかったんです。嘘をつくのもお医者さんに相談したのですが、愛着の問題とか言われて、かわいがってあげなかったからなのかと、一所懸命に接してみたのですが、この子が親になつかないというか…」とお母さんは語った。

お父さん、お母さんともごくフツウの人たちで、児童相談所には、ふたりともスーツ姿で毎回訪れた。そして、そのちゃんとした格好で「あの子を施設に入れてください」と頭を下げた。「あの子が変わってくれないと、私たちはあの子と暮らしていけません」「私たちは、もう精いっぱい努力しました」というのが、両親の言い分だった。

男の子は、勉強がそこそこできたので、両親は有名私立中学を受験させようとしていた。それで、塾に通わせたがさぼってばかりで、それも男の子が叱られる原因だった。

「キョ、教科書を何回かカカ、ヨ、読めば、テストなんか、100点取れちゃいますよ」と、大人がちょっとイラッとするような言い方をする子だった。

「あの子が家から持ち出した金額は、たぶん10万以上になると思います。お金はまだ、家の近所のどこかに隠してあるんじゃないかと思うんです。近所でまた悪さをしてもらっても困ります。施設は遠いところにしてください。あの子が、容易に帰ってこれないところにお願いします」と、お父さんが言い、男の子も「ボッ、ぼくは、ウ、海の近くの施設希望」と、平然と構えていた。家出中、どこでどう過ごしていたのか尋ねても、答えてくれなかった。妹はかわいがられて、自分は親から嫌われている、だから施設に行きたいと、男の子の「決意」は固かった。

「正しさを教えるのが親の義務でしょう。虐待と言われたら、それは行き過ぎたところもあったかもしれないですが、親として子どもをしつけなきゃいけないわけですし、あの子のためを思って叱ったわけですから、あの子がそれをわかってくれなかったら、親としてはもうしかたがないです」。

まじめそうなお父さんが、子どもへの暴力をまじめに正当化している。そして、親の思い通りにならない子を、まじめに捨てている。

私は、男の子を海のそばの児童養護施設に送っていった。電車の中で、男の子は動物しりとりをしようと言った。動物が思い浮かばなくて私は苦戦したが、男の子はすらすら言えた。動物の名前を言う時には、不思議にどもることはなかった。

この親子はこれからどうなっていくのか。親子の関係をこのままにはしておけない。男の子は、どうしたら家に戻れるのか。暗い気持ちになりながら、私は必死に動物の名前を探していた。


（2011年8月）

10 〝スーパーヒーロー〟の登場

児童相談所を舞台にした日テレ系のドラマ「ドン★キホーテ」（2011年7月〜9月に放送）。児相に勤めているからチェックしなきゃいけないような、そんな気持ちで毎週見ている。イケメン児童福祉司の身体の中に、やくざの親分の魂がある日突然乗り移って、虐待をやめない親たちを、チンタラしたお堅い役所のやり方じゃなく、強面《こわもて》の任侠《にんきょう》道でこらしめ、子どもたちを救うというストーリーだ。

ありえないようなストーリーとはいえ、監修を児童福祉司だった方がしていることもあって、児童福祉司と児童心理司の意見が対立する児童相談所の雰囲気が妙にリアルだったり、立入調査や一時保護、家庭引取（注1）といった職場用語を俳優さんたちがしゃべっているとドキッとしたり、現実感があるドラマになっている。

先日、近隣からの泣き声通告で訪問したあるお宅で、玄関口に出てきた母親に「児童相談所です」と名乗ると、「あら、うちにもついに来たのねぇ、テレビで見たわぁ、どうしましょ、子どもを連れてかれちゃうのかしら、アハハハッ」って。以前は「なんですか！なんの用ですか！」と厳しい反応も多かったのに…。同僚が、子どもを保護して、「これからお泊りする一時保護所はね…」と説明しようとすると、その子どもが「『ドン★キホーテ』見てるから知ってるよ」と言ったそうだ。

テレビは時代を映す鏡。SOSを見過ごす児童相談所の及び腰な対応に、世間は、ドアを蹴破って家の中に踏み込んでいき、「どいつもこいつも、ただじゃおかねぇ！」みたいな、子どもへの虐待を許さない強い姿勢を、児童福祉司に求めているのかもしれない。

暑い夏の夕方のこと、児童養護施設から、私が担当している子どもが暴れているから、「福祉司さん、すぐ来てください」と電話が入った。すぐに来いと言われても、こっちも経過記録の入力や事務作業が山積みでいっぱいいっぱいなのに…と思いながら、電車に飛び乗った。子どもにしたら、1年に何回も会って話すわけでもない福祉司がこんな時だけ説教たれに来やがって、くらいにしか思わないんじゃないの…と心の中でいらだちをつのらせながら、ようやく施設に辿《たど》り着いて、その様子に驚いた。

中学生の男の子のその部屋は、勉強机の棚も壊れ、教科書やノートも破かれ、服もなにもかも部屋中に散乱していて、壁には穴が空いてるし、もうメチャクチャで、相当暴れまくった感があった。男の子はというと、ランニングとパンツ姿で、ベッドの下にもぐりこんで大泣きをしていた。うぉぅーという聞いたこともない地響きのような唸《うな》り声で、「あいつを連れてこい！　ブッ殺してやる！」と泣き叫んでいるのだ。

男の子が言う「あいつ」は、母の内縁の夫のことだった。小学生だった男の子を、殴って蹴って、言うことを聞かないと食事も与えず、水風呂に頭を押しつけたりして、それもこれも「みんなコイツが生意気だから、しつけでやっただけですよ」と平気な顔をして言うような男だった。「3万円、返せぇ！」とも男の子は叫んでいた。おじいちゃんとおばあちゃんからもらったお年玉を貯めていたのをその男に盗《と》られ、今でも怨んでいるのだった。

「殺してやる！」と叫んでいる男の子の傍らで、若い女性の指導員が泣いていた。もうひとりの男性の指導員も立ったまま泣いていた。怒りをまき散らしたような荒れはてた部屋の、ベッドの下から、男の子の唸るような怒声が聞こえ、大人の男性と女性が放心したように、ただ泣いている。ドラマのようなその現実を見て、私も涙が止まらなかった。

やくざの親分の魂が乗り移った児童福祉司なら、泣き叫んでいるこの子を連れて、虐待をした男のところに殴りこみをかけるのだろうか…。男の子の気持ちがそれで癒《いや》されるのなら、復讐を手伝ってやるのもいいかなと思った。虐待を受けた恨みを背負ってこれからも生きていかなければならない、そんな子どもたちを救う〝スーパーヒーロー〟に、なれるものなら私もなりたいと思った。

（2011年10月）

注1　家庭引取　一時保護所や、児童養護施設等から、保護者が子どもを引き取って家庭で養育すること。

解説

①

児童相談所ってどんなところ？

川松　亮

1．児童相談所の基本理念と権限

児童虐待事例が発生するたびにマスコミに登場する児童相談所ですが、いったいどんな業務を担っていて、どんな職員が働いているのでしょうか。

児童相談所は児童福祉法第12条に基づいて、都道府県や政令指定都市に設置義務のある行政機関です。中核市や特別区でも政令の指定を受けた自治体には設置することができます。2020年7月1日現在で、全国に220ヵ所設置されています。

厚生労働省が定めている児童相談所のガイドライン『児童相談所運営指針』では、児童相談所の設置目的として、「子どもに関する家庭その他からの相談に応じ、子どもが有する問題又は子どもの真のニーズ、子どもの置かれた環境の状況等を的確に捉え、個々の子どもや家庭に最も効果的な援助を行い、もって子どもの福祉を図るとともに、その権利を擁護すること」を目的とすると記されています。児童福祉法が対象範囲とする18歳未満の子どもに関するあらゆる相談をさまざまな立場の方から受けて、子どもとその養育環境について理解を深め、その子どもにとっての最善の利益となると思われる支援を、家族や関係者とともにおこなっていくのが児童相談所の役割です。子どもの権利を守ることが最も大切な理念となります。

児童相談所が他の相談の場と違う大きな特徴は、子どもを一時保護する権限を持っていることです。子どもの安全を確保する必要がある場合や、子どもの行動を観察しながら支援の方針を立てる必要がある場合、あるいは短期間の生活支援でこれまでの振り返りをしながら生活を立て直す必要がある子どもなどを、児童相談所長の判断で一時保護することができます。この一時保護にあたっては、保護者の同意を得ることなくおこなうことができます。

　また、一時保護ののちにも、子どもが家庭を離れて生活をした方がよいと思われる場合には、子どもを里親や施設に委託したり入所措置をする権限も持っています。この措置には親権者の同意が必要ですし、子どもの納得を得ておこなう必要があります。なお、親権者が同意しない場合に施設入所等をおこなう必要がある場合、児童相談所は家庭裁判所に承認の審判を申立てます。さらには、親権者の親権を停止したり喪失させる必要があると判断した場合や、子どもに未成年後見人を立てる必要がある場合に、裁判所への審判請求をする権限も児童相談所は有しています。

2. 児童相談所の相談内容

　児童相談所が受ける相談内容は多岐にわたります。2019年度に全国の児童相談所が対応したすべての相談を、相談内容別に区分して割合を示したのが図1です。こうして見ると「虐待の相談」は3分の1強で、「障がい相談」が同程度に多いことに気がつきます。障がいに関する相談の中でも多いのは、「療育手帳」という知的障

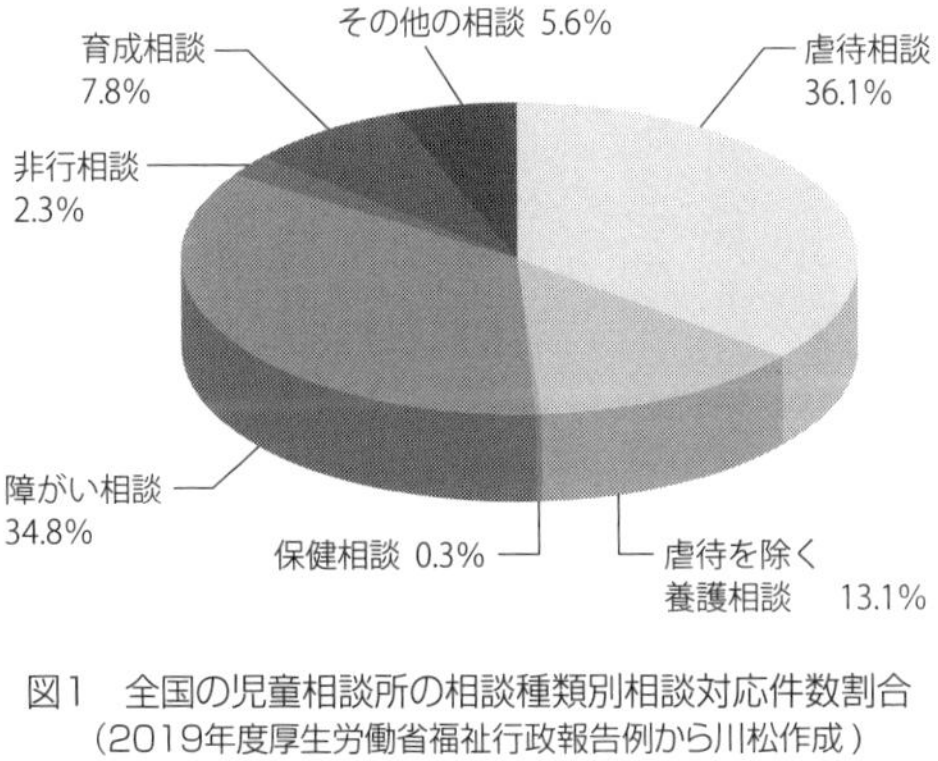

図1　全国の児童相談所の相談種類別相談対応件数割合
（2019年度厚生労働省福祉行政報告例から川松作成）

がいを持つお子さんの社会的援護制度に関する判定業務となっています。「非行相談」の割合は低いですが、地域によってはもっと多い自治体もあります。児童相談所にとっては時間や労力を要するものの、たいへんにやりがいのある相談種別です。不登校や家庭内暴力、あるいはしつけ等に関する相談である「育成相談」も一定程度の比重を占めています。「育成相談」は子ども虐待に至る手前で止める養育支援の効果もあり、児童相談所にとってはさまざまな家族支援方法を開発してきた伝統的な相談種別と言えます。その取り組みの中では、児童心理司や児童精神科医等と協働して、親子の困難を構造的に把握しながら、親子とともによりよいあり方を考えるというクリニック的な機能を蓄積してきており、これは児童相談所の財産だと言えると思います。

このようにさまざまな相談を受けている児童相談所ですが、相談の中核にあるのは、家庭で適切に養育がおこなえない「要保護児童」に関する相談（「養護相談」が代表的ので虐待相談も「養護相談」に含まれます）であり、養護相談の背景には、家庭における経済的貧困の問題が横たわっていることに気づかされます。児童相談所はこうした問題に対応してきた機関であると言えるでしょう。

3. 配置されている職員

以上のような業務をどのような職員がおこなっているのでしょうか。児童相談所には、児童福祉司と児童心理司が配置されています。児童福祉司は、子どもや家族の面接あるいは関係機関からの情報収集により、社会的な調査（社会診断）を進めたり、関係機関との協議により養育の環境調整をはかったり、あるいは子どもと保護者への助言をおこないます。また児童心理司は、子どもや家族との面接により、心理診断やカウンセリングをおこなったりします。このふたつの職種が車の両輪として機能します。これらの職種に加えて、児童精神科医や保健師・弁護士・一時保護所職員などがかかわって、子どもや家族に関する理解を深め、必要な支援の方針を立て、それを関係機関とともに実施していきます。児童相談所の専門性はこの多職種のチームによって支えられており、児童相談所全体としてソーシャルワークの機能を発揮するように努めています。

２０２０年4月1日現在、全国の児童相談所に４５５３人の児童福祉司と１８００人の児童心理司が配置されています（厚生労働省子ども家庭局家庭福祉課調べ）。児童福祉司は、社会福祉士の資格を有する者や児童福祉司もしくは児童福祉施設の職員を養成する学校を卒業した者など、いくつかの資格要件が児童福祉法に定められています。また児童心理司についても、大学で心理学を専修して卒業した者などの資格要件が児童福祉法で定められています。児童相談所は各都道府県・政令市等が設置している行政機関のため、その自治体の公務員採用試験を受験して採用されます。研修については、厚生労働省が定めたカリキュラムにしたがっておこなわれるとともに、各自治体が工夫して人材育成に努めています。それぞれの児童相談所におけるベテラン職員からの語り伝えやアドバイス、あるいは職場内での事例検討などが最も有効な職員育成であろうと思います。

4. 相談の進め方

児童相談所におけるソーシャルワークの進め方を図示すると図2（次頁）のようになります。

相談があれば、さまざまな方からお話を伺って情報を収集し、それを基にどういう問題の構造になっているのかを診断（アセスメント）します。これは会議の場で、児童相談所の多職種が共同でおこないます。

一時保護をした場合は、一時保護の場での観察を踏まえて判断します。

以上のような各種診断を総合した上で、支援の方針を立てます。

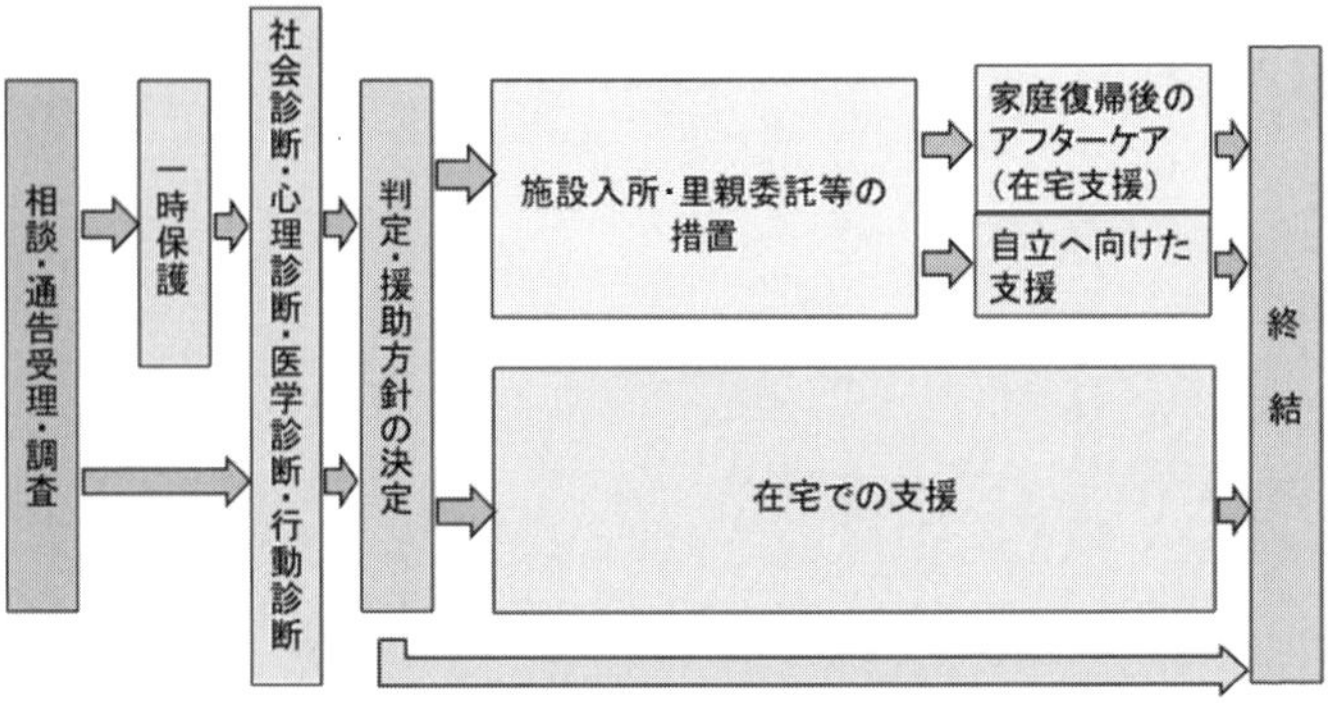

図2　児童相談所におけるソーシャルワークの流れ（川松作図）

その過程では、子どもや保護者そして関係機関の支援者との協議を重ねます。支援方針は立てて終わりではなく、状況が刻々と変わるために、絶えずアセスメントをし直し、支援方針を見直すことが必要です。

　里親や施設に移った子どもは、親子の関係調整のための家族交流などを経て、家庭復帰に向けた支援をする場合があったり、家庭復帰はせずに里親や施設から自立していくことを支援する場合もあります。虐待相談で里親や施設に移る子どもは、虐待相談全体の3〜4％です。多くの子どもは家庭において在宅支援をおこないます。この支援は児童相談所だけでおこなうことが難しく、市区町村の関係機関や関係者とともにネットワークを組んで支援をおこないます。問題が一定程度解決し、親子での生活が順調におこなえていると判断した場合、相談を終結することとなります。

　長くかかわった子どもが元気に生活している様子を見聞きすることは、児童福祉司にとっては大きな喜びです。対応に苦労した親子であればあるほど、前向きな暮らしを営むことができている様子にうれしさを感じます。親子の暮らしはその後もいくつもの山を越えていかなければなりません。それを地域の方たちとともに応援していきたいものです。

2　鬼は誰？

11 アモ？

この秋一番の寒さと言われたその朝、私は改札口で担当ケースの母親を待っていた。郊外にある一時保護所で、子どもと初面会をさせるためなのだが、約束の時間をとっくに過ぎて、電車を何本も見送っても母の姿はない。しかたないので電話してみると、「え？今日でしたっけ」（あきらかに寝起き）「お母さんが、ヨシくんと会いたいって、今日のこの日と時間を指定したんですよ。ようやく会う決心ができたって」（会わせてくれって泣いて頼んだくせに）「そうかもしれないけど、だったらどうして昨日、確認の電話くれなかったんですか。日程決めたのずいぶん前だし、フツウ、事前に連絡するのがジョウシキじゃないの！」（逆ギレだ）。その後も母は、最近忙しかったとか、自分はカラダが弱くてパニックがあるのに誰も助けてくれないだとか、児相が勝手に子どもを連れていったくせにとか、一方的に怒りをぶちまけて、電話を切った。

腹が立ってしかたなかった。母にとってもヨシくんにとってもよかれと思い、母子面会の場面を設定したのだが、私が家庭引き取りを焦ったからか…。母は、ヨシくんに会うのがまだ不安なのだ。そんな母の気持ちが私には理解できていなかった。

ヨシくんは小学5年生。母とふたり暮らし。母は、口答えをするヨシくんの手の甲を縫い針で刺した。チクッと何度も刺されて、ヨシくんはがまんできず、小学校の養護教諭に「もううちに帰りたくない」と訴えたのだった。

母は、こわがるものを用意しておかないと男の子は手がつけられない、と考えているようだった。暴力をふるう夫からシェルターに逃げて、ようやく離婚できて、生活保護を受けてアパートに転宅したばかり。縫い針は、母が小さい頃、義母から叱られるたびに手の甲に突き刺された苦い記憶から、今度はヨシくんに。母は「気がつくと子どもに針を突き刺していました」と泣きながら語っていた。

援助方針会議では、子どもを母に返してだいじょうぶかと不安の声があがるなか、私はヨシくんを施設措置せず、在宅で母子の暮らしを見守っていきたいと主張した。確信はなかったが、逆ギレ電話のあとから、母は少し私に心を開いてくれるようになった気がしていた。「それは子どもを返してもらいたいためだよ」と同僚には言われたが、ヨシくんを母のもとに返した。その後、顔見知りの保健師に母のケアを頼み、家庭訪問をしたり、小学校で時々ヨシくんと話したりしながら、このケースはとりあえず小康状態を保っているようだった。ヨシくんも「お母さん、もう針でしかからないよ」とニッコリだ。根本的になにかが変わったわけではないし、これからも母子関係は心配だ。でも〝ぜったいだめだ〟と周りが考えたとしても、なんとかなっていくこともある。そう信じないと、この仕事は続けられないなぁと思う。

そんなことをぼうっと考えながら街を歩いていると、背中をいきなりバシッとたたかれた。「あ、お、や、ま、さぁーん」。走り去っていく少年は、けんちゃんだった。私の名前を今でも覚えてくれていたのはうれしいが、たたかれた背中がものすごく痛い。

けんちゃんの母は、子どもが自閉症で注意欠如・多動性障害（ＡＤＨＤ）でもあると医師から言われたことに納得できず、児童相談所に相談に来た。「この子をなおしてもらえませんか」。すがるように語った母と一緒に、けんちゃんを連れて、教育相談センターや療育センターを訪ね歩いたっけ。けんちゃんの太ももに平手でたたいたような赤いあざがあると小学校から通告があったりして、けんちゃんを一時保護すべきと所内で責められたこともあった。けんちゃんは、今はもう中学生になっているはず。特別支援学級に入って、教室で落ち着いていると聞いている。このケースも、小康状態と言えそうだ。

けんちゃんの口癖は「アモ」だった。いつでも「アモ」を連発していた。アモってなんだろうね、と児童心理司に聞いたら、「母の〝ああ、もう！〟を口真似してるんじゃないですか」と言った。けんちゃんが走りまわったり、生ごみをぶちまけて食べようとするたび、母は「ああ、もう！」と叫んでいたのだ。

けんちゃんの「アモ」が、私には京都の人がはんなりと鱧《はも》を「はぁも」と発音するふうに聞こえると母に言ったら、母が相談室で腹を抱えて大笑いしたのだった。それからだ、母とまともに話ができるようになったのは。

私たちの仕事は、おせっかいな介入だが、それが家族になにか作用することもある。親子を「分離」しなくても、そこそこやっていけるきっかけをつくっていけそうな、そう感じる瞬間がある。

（２０１１年12月）

12 家庭訪問

家庭訪問を「発明」した人は誰だろう。というより、「児童虐待を防ぐ手がかりとして家庭訪問の必要を最初に説いたのは誰?」と同僚の理論派Yさんに尋ねると、「アメリカのディビット・オールズというコロラド大学の先生ですよ」と言う。この先生が偉かったのは、家族がどうしようもないから虐待が起こる、という偏見で家庭訪問するのではなく、家族が持っている価値観に見合う形で、家族に適切な選択をうながすことによって、家族の状態を改善していく必要があり、そのために家庭訪問という方法は有効だと提起したことにある、らしい。

だったら、私たちが今している家庭訪問は、まるで虐待探しのようなものじゃないの? 私たちの家庭訪問って間違ってる? 虐待の「ある・なし」を探りにいっている程度では、とても虐待の予防とは言えないんじゃないの?

児童相談所の社会調査の中で、家庭の状況を把握するための〈家庭訪問〉はとても大事なこととされている。私たちは家庭訪問する「権限」を持っているのだけど、玄関先で拒否されることが多い。オートロックのマンションだとまず入れてもらえないし、ドアがチェーンの幅だけ開いたと思ったら、母親に舌打ちされてにらまれ、いきなり目の前でドアを閉められる。「帰れ！」と水をかけられたこともある。

なんとか家の中に入ることができたとして、その有様に呆然《ぼうぜん》とすることも多い。部屋中がごみだらけで、なにが入っているのかわからない黒いごみ袋が積み上がっているとか、天井からなにか緑色の液体が入っているスーパーのビニール袋が大量にぶら下がっていたこともある。腐った生ごみを煮詰めたようなえげつない臭気で息もできないこともある。ともかく親子がどうやってこの部屋でごはんを食べたり寝たりしているのかまったくわからない。

部屋がどんな状態なら児童相談所として子どもの保護にふみ切るべきか、所内で会議をするが紛糾することもよくある。家庭訪問に行った児童福祉司の見立てを尊重して「子どもの生命・健康にとって危険なレベル」と判断した時は、所長が保護を決定するわけだが、判断基準が難しい場合もある。意見が分かれることも多い。あるベテランの児童福祉司は「ごみが膝まで、ゴキブリ10匹以上目視が基準」と言い切る。

私はいつもかばんの中に靴下の替えを入れている。刑事ドラマで見るようなビニールの靴カバーを常備している人もいる。

先日、家庭訪問した家は、2Kのアパートに猫が14匹いて、けもの臭が外まであふれていた。畳も真っ黒で、歩くと靴下にジクッと水気が染み込んで、まるで沼地を歩いているような、そんな中で、おしっこ臭い体臭をただよわせながら30代の母と16歳の娘が暮らしていた。娘は何年か施設で暮らしていたのだが、高校を中退して自宅に戻っていた。ネットで知り合った男性の子どもを妊娠しており、もうすぐ出産という状態で、それでも母は生まれてくるその孫をこのアパートで育てると言い張り、「猫と一緒に育つ子どもは命の大切さを学ぶ」などと言ったりする。そばで娘もおなかをおさえながら、母の言葉にうなずいたりして…。

もうこれは、産院から赤ん坊を職権保護するしかないと決めたが、根本的な解決にはならないだろう。10代の娘はまた次の子を妊娠するかもしれない。妊娠するたび保護して乳児院に入れるしかないのか？　この不潔な環境をどうにかできないものか、私でなくても部屋を見た人は誰もが思うだろう。しかし母娘はぜんぜん平気で、私の前でも子猫の頭をなでたりしてニコニコしている。こんなひどい有様なのに、本人たちはまったく気づかない。なんにも感じない。まるで低温火傷だと思う。

では、この母娘の「価値観に見合う形で」どのように支援し、どう改善したらいいのか。すぐにできることは、生活保護のケースワーカーや保健師、産院のケースワーカーとも相談してみること。猫たちを保健所に連れていき、室内の業者清掃を入れられないか、転宅は可能か、16歳の娘と生まれてくる子を母子生活支援施設（注1）に…。しかし、支援の方策をいくら周りが考えたとしても、この母娘がそれを拒否したら、支援を受け入れなかったら、どうするのか。

家庭訪問の翌日、母が電話をかけてきた。

「孫はちゃんと育てるって言ってるだろう！　もし孫を連れていきやがったら、お前を恨んでやる。ぜったい仕返ししてやるからな！」

私はまた、呆然としてしまう…。

（２０１２年２月）

注1　母子生活支援施設　以前は母子寮と呼ばれていた。さまざまな事情を抱える女性が、子どもとともに入所し、自立のための支援を受ける施設。

13 ざけんなよ!

「Kちゃん、あなたいったいなにがしたいの?」私が言う前に、Kは窓から表に飛び出していった。

Kは17歳になったばかりの女の子。Kとの出会いは中学1年の時、量販店でセックスの時に使う潤滑ゼリーを万引きして警察に捕まり、一時保護された。金髪でド派手な化粧、スウェットの上下にサンダル履き、絵に描いたような非行少女だった。深夜徘徊や万引き、自転車窃盗《せっとう》などの非行行為を繰り返して、中学の頃は児童自立支援施設で生活。退所後、母親のもとに引き取られて高校進学も果たしたが、不登校になり、行き場がなくて児相に飛び込んできた。

「高校やめて働きたい」というから、自立援助ホーム(注1)に入所させた。母親とも暮らせない、学校にも適応できない、高校をやめたら児童養護施設にも入れない――そんな

Kの行き場は自立援助ホームしかなかった。

劣悪な環境で生き延びてきた子どもたちの最後の砦《とりで》が自立援助ホームだ。社員寮のようなイメージだろうか。朝、食事をすませた子どもたちは、おかずの残りを弁当箱に詰めて、それぞれの職場に働きにいく。部屋代、3食、水光熱費すべて込みで、寮費月3万円を払い、働いて自立するためのお金を貯める。半年から1年くらいで、30〜50万くらい貯金できたらアパートを借りて独立する。

Kは自立援助ホームに入所したその日に、職員に履歴書の書き方を教えてもらい、ハローワークにつきそってもらってバイト探しをはじめた。

話は戻るが、一時保護所でKが苦しんだのは食事だった。にんじんやピーマン、しいたけなどほとんどの野菜がキライで、食べるおかずがないほど偏食だった。保護所の指導員に、「ひと口でいいから食べてね」と厳しく叱られながら、「マック食いてぇ！」と泣きながら口に運んでいた。Kの母親にそのことを伝えると「私、料理苦手だから」と笑っていた。

当時20代だった母親は、夜の仕事。近所に母方の祖母がいるが、酒とパチンコでKのことはかまってくれなかった。典型的なネグレクトの子だ。

一時保護所で同室だった女の子は、Kの小学校の同級生だった。「ふたりとも、しょっちゅう顔にあざつくって登校してたよね」となつかしそうに語り合っていた。Kは母親にも、時々泊まりに来る母親のオトコにも、それから祖母にも殴られていた。

「ふたりでよく、がんばろうねって励ましあったんだ」。

なぜ小学校は児相に通告しなかったのか、その時虐待で介入できなかったのか、非行の前にこの子たちを救えなかったのか、と悔しい気持ちになる。

Kは、掛け持ちで一所懸命働いた。朝から夕方まではドラッグストア、夜は焼肉店。「店長にほめてもらって時給50円あげてもらった」と喜んで話していたのだが…。仕事が休みになると繁華街のクラブに出かけ、一晩中酒を飲んで踊ったり、男の人に声をかけられてホテルに泊まるようになった。「無断外泊」が続くと、自立援助ホームから、子どもの安全を守れないからと退所勧告を受けてしまった。仕事に穴をあけることはない。朝帰りしても仕事にちゃんと出かけていく。それでもクラブ通いはやめられない。

「そんなことしてたら、ここ出なきゃいけなくなるよ、出ても行くとこないじゃない、お母さん新しい恋人できて、家に帰っても居場所ないじゃない、だからここに来たんでしょ」。

何度言っても、月に3、4回の朝帰りをして「ストレス発散なんだからいいじゃない！」とKは居直った。しつこく自立援助ホームを訪ねて「無断外泊はやめなさい」と言い続け、ある時、説教じみた同じせりふを繰り返しKに語っている自分がなんだかおかしくなって、ふっと笑ったら、突然Kが立ち上がって怒り出した。

「親と一緒に暮らしたお前らに、なにがわかるんだよ！　ざけんなよ！」

そう怒鳴って、泣きながら表に飛び出していったのだった。

それからKには会っていない。Kが私と会うことを拒否したから。結局その後、Kは焼肉店のバイト仲間の男性と暮らすと言い残して、自立援助ホームを出ていったという。

今年の正月明け、Kから電話をもらった。成人式に出るんだという。電話をもらったのはうれしかったが、今どうしてるのとは聞けなかった。Kの声は沈んでいるように感じた。

私は、Kに謝りたくて、教えてもらった住所に手紙を書いた。でも、返事は返ってこなかった。

（2012年4月）

注1　自立援助ホーム　家庭にいられなくなり、働かなくてはならない15歳くらいからだいたい20歳くらいまでの青少年に暮らしを提供し、就労を支援する施設。

14 まとわりつく「性」

電話当番の日だった。受話器の向こうで「死にたい」と号泣する女性の様子が気になって、家庭訪問することにした。金曜日の夕方、駆け込みで虐待通告が何本か入りそうな緊張の時間。同僚の（死にたいと言ってるくらいで行かないで）という視線を無視して、自転車で県営団地に向かった。

タバコの煙がこもる狭い4畳半で、泥酔した女性が「夫から暴力をふるわれている、助けてほしい」と語った。彼女には子どもがふたりいた。中学2年の姉と小学6年の弟が、私たちのやりとりを奥の部屋でじっとうかがっている気配がした。

何日かして、彼女は子どもたちと児相を訪れ、「保護してほしい」と言った。自分は福祉事務所から紹介されたシェルターに逃げるが、子どもたちは学校に通わせたい、どこか施設に入れてほしいと言う。その横で、母と同じ背格好のふたりがニコニコしていた。「あなたたちはそれでいいの？」と尋ねると、「はい」と素直に答える。子どもが施設で納得ならしかたないが、そのあっさりとした感じに違和感を覚えた。

　一時保護のあと、姉と弟は児童養護施設に入所した。転校先の学校にふたりとも楽しそうに通っていた。施設でも職員受けのいい「できた子たち」だった。

　ある日、警察がやってきた。姉を聴取したいと言う。青少年条例違反と児童買春・ポルノ禁止法違反で逮捕した大学生と姉が関係していた、と。まさか、と疑う私に、警察官は大学生が撮影した写真を見せた。姉が制服のまま横たわり、ペニスが挿入された下半身が写っていた。姉は、セックスしながらカメラに向かって笑っていた。

　姉は、母と暮らしていた頃、携帯電話のファンタジー小説のサイトでその大学生と知り合ったらしい。いつも部屋で壁にもたれ、足を伸ばして静かに本を読んでる、と施設の若い女性職員が話していたのを思い出した。

　聴取を終えて何日かして、姉はその女性職員にこんなことを告白した。自分と弟は、時々、ひとり暮らしの祖父（母の実父）のアパートに預けられていた。夜中に祖父が自分のふとんに入ってきて、挿入された。小学校5年の時から、何回も。警察に聴取されたことを心配して施設に面会に来た母に、姉が思い切って祖父のことを話したら、母は「私もだった。私も中学を卒業するまで祖父（実父）にされた」のだと、姉に語ったという。

それから、この家族はどうなったのか。

母は、姉に告白したあと行方不明になった。地方の温泉旅館で働いていると、弟にハガキが届いた。

姉は勉強ができたので、優秀と言われる高校に入って部活のバドミントンにバイトにとがんばっていたが、ある日、施設を無断外泊した。あの大学生のアパートに泊まっていた。母が突然、児相に現れて、ふたりの同棲を認めてほしいと言った。それでいいの？　と母に聞くと、大学生は今はしっかりした会社に就職していて、礼儀正しくていい青年で、娘をしあわせにしてくれそうだ、と語った。姉は高校をやめてしまった。

施設にいた弟は、高校を卒業して、薬品関係の会社に就職。今は社員寮で生活をしている。

弟が施設を出てから、施設内で、男の子同士の性的な被害・加害の実態が明らかになった。性器を舐《な》める舐めさせる、肛門に性器を挿入する。施設内の男の子のほとんどが絡んだ「事故」が明らかになった。査察が入ったが、弟の名前は不思議に出てこなかった。施設の子たちは「やさしいお兄ちゃんだった」と、弟の関与を否定した。

結局、私は、この家族をとりまく性的な「被害」の大きさに驚いているばかりで、姉や弟が抱えていた「闇」に迫ることができなかったのだ。

祖父に対しては、何度か児相に呼び出して、事実確認と姉に接近しないよう警告をした。

祖父はあっさり姉のふとんに入っていたことを認め、「あの子と私は愛し合っていたんです」と耳を疑うようなことを真顔で述べた。

祖父も児童養護施設で育っていた。今はなくなったが、山間にあった施設名を口にし、当時の職員から受けた体罰を懐かしそうに語った。同僚にそのことを話すと、「そのじいさん、きっと戦災孤児だな。戦後、孤児たちを収容するために建てた施設だったから」と教えてくれた。

性的虐待と戦争。

祖父の顔には、左目から頬にかけて大きなケロイドがあり、それを隠すように黒ぶちの大きなメガネをかけていた。祖父がどれだけ苦労して生きてきたかはわからないが、家族関係にまとわりつく「性」に、どうしようもない怒りがわいてくる。

（2012年6月）

15 あなたを探します

児相で働いててよかったなぁみたいな、ほっとするエピソードありませんか？　と編集の担当者から注文があった。「相談所」と看板を掲げてはいるが、ほとんど虐待に特化して取り締まる警察のような仕事をしているので、児相がかかわって喜ばれるようなことはまずないのだが…。

そういえば、「ありがとう」と言われてうれしかったことがあった。乳児院に入れている赤ちゃんとカナダ人夫妻の養子縁組（注1）が成立した時のこと。「ジョーイがうちの子になったのは、あなたがいてくれたからだ。感謝します」と、カナダ人夫妻から何度もハグされた。ふたりとも目を赤くして涙をぽろぽろこぼしていた。私もつられて泣いてしまった。

でも…。カナダ人夫妻がジョーイと呼んでいる子は、中学3年生の兄が、小学6年生の妹とセックスをしてできた子どもだった。その家族は、一家4人でいつも一緒に風呂に入っていた。母は「うちは仲がいいから」と、近所にも笑って話していたという。ある時、父も母も先に風呂を出て、兄と妹だけになり、性器のさわりっこをした。

最初はふざけて。そのうちちょっと気持ちよくなって、「入れてもいいか」と兄がしつこく迫った。妹も「ちょっとだけなら」と、親が留守の時に、リビングでセックスをした。それから時々するようなことになってしまい、妹は「もうやめて」と拒んだが、兄は強引に求め続けた。

兄は、「おまえ、セックス体験あんのかよ」とメールしてきた友だちに、「やったよ、妹とだけど」と返信した。そのメールを父が見つけ、きょうだいに問いただした。あっさり認めた兄を、父はたたいて、蹴った。「きょうだいでしたらいけないの？」と兄が答えたことに、父も母もショックを受けた。

このことがあってから、看護師だった母は急遽《きゅうきょ》、妹に、性における規範意識を一所懸命教えたという。

しかし、その後、妹は妊娠した。母は、「もっと早く（妹を）私の実家に連れて帰ればよかった…」と悔やんだ。ぷっくりした体型だった妹の変化に、父母は気づかなかった。堕胎期間を過ぎてしまい、母の実家でひっそりと産ませ、赤ちゃんは児相が預かることになった。

父母は、生まれる前から養子縁組を望んでいた。

児相内の援助方針会議ではこのケースを「兄の性非行」として受理するか、「妹の妊娠を防げなかった父母のネグレクト」として受理するかで揉《も》めた。そんなこと、生まれてきた赤ちゃんにはどうでもいいことじゃないかと思いながらも、私は「父母のネグレクト」を主張した。兄を担当した児童心理司も、兄が発達障害であると診断し、父母がきょうだいの早い「分離」を決断していれば起こりえなかった、と父母の責任を問う発言をした。しかし、結局、「兄の性非行」ケースとして扱うことになったが、それは、父母が「日頃から教育熱心で、学歴も社会的地位もあり、日常的な虐待が認められない」という理由からだった。

養子縁組を希望している登録家庭に、生まれてきたこの男の子を紹介したが、ことごとく断られた。生まれた経緯は、名前などを伏せて簡単に説明しなければならない。そんな子を養子に迎えたら家系がけがれる、と怒り出す人もいた。「どんな障害が出るかわからない」とみなこの子を嫌ったが、その頃日本に住んでいたカナダ人夫妻は、「ぜひに」と望み、すぐ会いにいきたいと言ってくれた。ふたりは熱心に乳児院に通い、半年ほど交流したあと、家庭裁判所で養子縁組が認められた。ジョーイと名づけてかわいがっていた夫妻は、子どもを連れてカナダへ帰っていった。

ある日、児相に国際電話があった。ジョーイのカナダ国籍が取れたという報告だった。夫妻はこう言った。「ジョーイは肌の色も違うので、自分が養子だと大きくなればわかるでしょう。ほんとうの親に会いたいと思うかもしれない。そうしたら私たちは、あなたのことをジョーイに話そうと思います。あなたが私たちとジョーイを引き合わせてくれたと。ジョーイは、日本に行ってあなたを探すかもしれない。そうしたら、あなたが話せることをジョーイに話してやってほしい」。

ジョーイが私を探す！　その頃私は児相にいないかもしれないし、生きているかどうか…。もし彼が訪ねてきたら、私はなんと言えばいい？　胸がしめつけられるような気持ちになる。でも、しっかり抱きしめて、「元気でよかったね」と言ってあげたいと思う。

（2012年8月）

注1　養子縁組　養子縁組は、法的な親子関係を成立させる制度。養親が子の親権を持つ。普通養子縁組が生みの親との親子関係が残存するのに対し、特別養子縁組は生みの親との親子関係を消滅させる。2019年6月、民法が一部改正され、今後は原則として15歳未満まで特別養子縁組可能年齢が引き上げられる。

16 地の果てに落ちていく？

4月に異動してきた若い男性職員に、児相の仕事はどう？ と聞いたら、「地の果てに落ちていくような感じです」と答えるので、思わず笑ってしまったのだけど、彼はまったく表情を崩さなかった。大学院を出て留学経験もある彼が児相に配属されたのは、管理職との面接で「子ども関係の仕事がしたいです」と答えてしまったからで、彼は今、それをすごく後悔しているらしい。フィリピンなど外国籍の母親と応対することも多いので、彼の英語力は職場では重宝されていて、児相での仕事にやりがいを感じているかなぁと思って声をかけたのだけど、逆に心配になってしまった。

半年ほど前、私は満員電車の中で過呼吸になった。汗が出て体が震え、それから電車に乗るのがこわい。中のほうに入ると閉じ込められそうで、乗る時はドアのそばに立つようにしたのだけど、それでも不安で足がすくんでしまう。先日、夜中に目が覚めたら眠れなくなった。部屋の中は空気が薄くて息ができない気がして、明け方まで何度も外に出て〝散歩〟した。胸が痛くて苦しくて、死んだら楽になれるかもしれないと思った。さすがに心配になったのか、連れ合いも夜中の〝散歩〟につきあってくれた。ひとりで行かせたら自殺するんじゃないかと思ったそうだ。

友人に勧められて受診した精神科の医師に、パニック障害と診断された。ちょっとショックだった。仕事柄、精神疾患のある親や子どもとは何人も会ってきたが、自分が精神科に通院することになるなんて考えたこともなかった。仕事はたいへんだけど、なんとか自分なりにこなせているという自信もあった。その自信が崩れてしまった。私はこの仕事を続けていけるのか…。

気晴らしになるかと思って、同僚に飲みに行かない？　と声をかけた。しんみりするのがいやだから、ガード下の、センマイがおいしいと評判のホルモンを七輪で焼く、煙がもうもうとした、騒々しい店を選んだ。

でも、酔いがまわってくると、同僚のひとりが「あの時…」と語り出した。

「あの時」とは、その年の暮れの、御用納めの夕方、ある母親から「子どもを預かってほしい」と電話がかかってきた時のこと。その同僚は、1時間ほど電話で母親の話をじっくり聞いて、「年明けに家庭訪問するから、それまでがんばってみようよ、お母さん」と元気づけた。母も泣きながら、「そうですね。気持ちが楽になりました。がんばってみますね」と電話を切ったという。それから3日後、母は子どもの足を持ってふりまわし、壁に頭をぶつけた5歳の男の子は、救急車で搬送され、亡くなった。

子どもを一時保護することは、そんなに容易なことではない。手続きも必要だし、保護先も確保しなければならない。年の暮れの、しかも御用納めの夕方に、保護するための手配はちょっと面倒だなという気持ちがどこかにあったから…とその同僚は今も悔いていて、酔うとたいてい最後はその話になる。私だって、きっとその同僚と同じ対応をしただろう。母は「がんばってみます」と電話を切ったのだ。まあ大丈夫かな、と私も思っただろう。ほかの同僚たちも、彼の話に、またか…という顔をしながら、他人事ではない。

会計をしようとレジに向かったら、女性の店員さんに声をかけられた。

「あの…児相の方?」

思い出した。何年か前のこと、石を投げて校長室のガラスを割り、それをとがめられ、教頭の胸倉をつかんだあの男子中学生の母親だった。教頭は「すぐに施設に入れて」と言ったのだけど、私は児相に通わせて、雑談をしたり、一緒に卓球をしたりした。男の子は、将来、ボクサーになりたい、徳山というボクサーに憧れていると言った。徳山の本名はホン・チャンス。在日コリアンだった。男の子も通名で中学に通っていたが「在日」だった。

教頭からはずいぶん嫌味を言われたけれど、彼は毎日のように児相へ来て、プレイルームにあったサンドバッグをたたいていた。「今もボクシングやってるんですよ」と母は言った。あのズボッという彼のサンドバッグをたたく力強い振動を思い出した。

店の外へ出たら、さっきの同僚が足早に駅に向かって歩いている（なんだか前向きな感じがする）。店の上を電車が通り過ぎたせいでよく聞こえなかったけれど、母に「あの時はありがとうございました」と言われたような気がした。

（２０１２年10月）

17 かりたものはもとに戻す

養育里親に委託しているFちゃんは来年小学校に上がる女の子。Fちゃんは今、とてもしあわせそうだ。Fちゃんの里父さんは会社の社長さんで、おうちは豪邸で、Fちゃんは私立の有名な幼稚園に通わせてもらっている。

養育里親は、親の事情で育てられない子どもを、児童養護施設ではなく、一般家庭で預かってもらう制度。親がFちゃんを育てられる状態になれば、親のもとに戻すことが前提だ。

Fちゃんは、お母さん（Aさん）とふたりで暮らしていたが、Aさんが覚せい剤で警察に逮捕され、児相はFちゃんを保護した。Fちゃんは2歳になったばかりだった。逮捕される前から、私はネグレクトを疑って、何度も家庭訪問していた。保育園からは、Aさんが寝坊してFちゃんを登園させないことがたびたびあるとか、近所からは、夜中、駅前のコンビニで母子を見かけたとか、連絡が入るたびにふたりが暮らしていたアパートを訪ねた。Aさんは、高校を中退して18歳でFちゃんを産み、生活保護を受けながら育てていた。Fちゃんの父親はパチプロで、「パチンコと酒しか頭にないあんなやつに、この子を渡したくない」と結婚もしなかったし、認知もしていないとAさんは言った。

Aさんは、私が訪問しても拒否はなく、気さくになんでも話してくれた。茶髪の派手な化粧の高校生としゃべってるみたいな幼い母だった。室内はいつ行ってもきれいに片づいていた。なにかしら料理したような鍋や食器が水きり棚に置かれ、トイレを借りても汚れていることもなく、暮らしぶりは乱れている感じはなかった。甘えて抱っこをせがむFちゃんを、ひざの上に乗せて絵本を読んであげたりしていた。精神科でうつと診断され、生活保護を受給していると語った。近所には、Aさんの母が住んでいたが交流はなかった。中学の頃、母のつきあっていた男に胸を揉まれて、それを母に泣いて訴えたが、鼻で笑われた。それからずっと恨んでいると涙をためて話してくれた。

そんなAさんが覚せい剤で逮捕された。留置所にも拘置所にも面会に行ったが、毎回、ごめんなさいを繰り返して泣いた。初犯ではなかったらしく、4年の実刑がついて刑務所に入った。Fちゃんが小学校に上がるくらいの頃に出所することになっている。

里父さんも里母さんも、Fちゃんをとてもかわいがってくださった。Fちゃんは、体格もよくて運動も大好き。3歳でひらがなもカタカナも読めて書けて、里親さん宅を訪問すると、広いリビングの大きなソファに座って、上手に絵本を読んでくれた。幼稚園でもお姉さん的存在。ピアノと英語を習っていた。スイミング教室にも行きたいとFちゃんは言うらしい。「本人の負担にならないかしらって夫と相談してるんです」と、Fちゃんの多才ぶりを微笑みながら語る里母さんを見ていると、Fちゃんが手をかけて育てられている様子がうかがえた。Fちゃんも「おじさま」「おばさま」と呼んで、慕っているようだった。

里親夫妻の息子は、アメリカで研究職に就いていて、息子の結婚式の時にはFちゃんもアメリカに連れていってもらった。Fちゃんが流暢《りゅうちょう》な英語で話したので、みんな驚いたのだという。

里親夫妻は、Fちゃんをずっと自分たちに育てさせてほしいと言ってきた。Fちゃんの能力にあった教育を受けさせたい、できれば将来、留学もさせてあげたい、と。

Aさんは、刑務所で美容師の資格を取ることをめざしている。美容師になって働いて、Fちゃんと暮らすことを支えに、刑務所でがんばっていた。だから「養子縁組なんか考えたこともない」と手紙に書いてきた。私は、Fちゃんのためには、養子じゃなくていいからずっと里親さんに預かってもらって、大学まで行かせてもらったらどう？　Aさんは自分の生活を建て直すことを考えた方がいいんじゃないの、と返信した。しばらくして、「私からFを取りあげないで！」と悲痛な気持ちを訴える手紙が届いた。

そんな手紙のやり取りを見ていた同僚の児童福祉司から、「かりたものはもとのところに戻すんだよ」と指摘された。家族を引き離しても、また戻して家族にする、それが私たちの仕事で、子どもの命は守るが、なにがしあわせか決めるのは私たちじゃない。

ママは今、お仕事で遠くにいるけど、いつか迎えにきてくれるよ、と言うと、Fちゃんは「うん、知ってるよ」と元気な声で答えた。いつまでも、賢いFちゃんでいてほしい、と私はその瞳をじっと見つめた。

（２０１２年12月）

18 鬼は誰？

性的虐待は、身体的虐待やネグレクト、心理的虐待に比べ、虐待相談総件数では3％にも満たない。相談件数としては少ないが、ほんとうはもっとある。家の中に。

一番つらくて胸が痛いのは性的虐待を受けた子どもたちのこと…。保育園や学校で子どもたちがようやく吐き出す被害のひと言から、児相はすぐに一時保護する。「分離が原則」と言われている。そして、保護中に面接調査をおこない、子どもたちが受けた被害の聴き取りをする。しかしこの聴き取りはなかなか難しい。

ある研究会で、性的被害の疑いがあったら、なんでも保護するという今までのやり方でいいのか、家族と引き離すことで、子どもは別の傷を受けるのではないか…という発言があり、衝撃を受けた。

保護することは「安全を守ること」だと信じてきたが、子どもたちは、知らない大人たちがまわりで大騒ぎして、なにがあったのか、「ほんとうの被害」を聴き出そうとすればするほど、なにも語らなくなってしまう。「家族の秘密」をしゃべってしまった自分を責めて、後悔し、傷ついていく。

あの子もそうだった。

Mちゃんは、中学2年生の時に、担任の女性教師に「パパに胸やおしりをさわられる」と話した。そして一時保護。

実父は、4、5歳の頃からひとり娘のMちゃんを「さわってきた」。教師に語る前日まで、父と一緒に風呂に入っていたという。父は、手でMちゃんの身体を洗った。「おまたのところも手で洗うの。指を入れて中まで洗うの」。風呂から出ると、父はMちゃんの性器を舐めた。「ふざけてくすぐりっこするみたいなふりをして、ぺろっと舐めるの、笑いながら。V字開脚してみろって命令されることもあるよ」。

Mちゃんが着替えていると、父は後ろから胸やおしりをさわりにきた。仕事帰りには必ずどこかで酒を飲んで、Mちゃんのふとんに入ってきては身体をさわった。

Mちゃんは、「パパは私がかわいいからそんなことするのかなってずっと思ってた」と言う。「お母さんはそのこと知らなかったの？　見てたんでしょ？」「ママは知らないふりをしてた。夜はファミレスでパートしてたし」。「やめてって言わなかったの？」「言ったよ、何度も。手をたたいたり、足を蹴ったりしたけど、パパ笑ってた。さわる時は、笑ってふざけるふりしてるけど、宿題とかしてないと、時々ものすごくこわい顔してたたくよ」。

私たちは、父が性器挿入までしたのではないかと疑った。「パパは身体のどの部分でMちゃんをさわったりしてきたのかなぁ、この紙の身体の絵のところに丸をしてくれないかなぁ」。Mちゃんはその質問に「わかんない」と言ったきり、それ以上はなにも答えてくれなくなった。

父はあっさりMちゃんの身体をさわったことを認めた。かわいかったからと言い、「今後一切しません」と書いた誓約書のようなものを持ってきて、Mを返してくださいと、相談室でおんおん泣いて土下座した。母とは離婚。母は「Mには会いたくありません」と無表情で言った。

父とは会わせられない。しかし母は会いにもこない。

児童養護施設に行ってから、Mちゃんは不登校になった。施設を何度か訪ねたが、私との面会は拒否だった。職員がなんとかとりなしてくれて、部屋に入れてくれたことがあった。その時、Mちゃんは、ふとんをかぶったまま、泣きながら、私に「鬼！」と叫んだのだった。Mちゃんとはそれから会えていない。

幼稚園の先生になりたいと言っていたのに、高校もやめてしまって、児童養護施設も出てしまった。施設の女性職員のひとりとは、今でもメールのやり取りがあるというので、少しは安心しているのだけど、「家族を壊したのは児相だ」とMちゃんはその職員に言ったという。

悔やまれるのは、母とMちゃんの和解の場面をつくれなかったこと。児相は、家族や友だちなどMちゃんの大切なものを奪ってしまったかもしれない。でもパパにさわられない安全と、どちらが大切なんだろうって、Mちゃんと、もっと話し合えればよかった。

刑事告訴しなければならないケースもあるので、性的虐待は迅速な対応が求められる。けれど、被害を受けた子どもの動揺をしっかり受け止めることが、一番大切なのだと思う。

（2013年2月）

19 ひとりがいい

その地区にあるいくつかの児童養護施設が合同で、毎年、成人式を開いている。施設で暮らせるのは、18歳、高校卒業まで。成人式は、もちろん新成人を祝うために開かれるが、施設を退所した子たちが、今、元気でいるのか、どんな暮らしをしているのか、消息を確認する場でもある。自治体が開催する成人式に参加する子はほとんどいない。親元に帰る子も少ないし、家族と離れて施設で生活してきた子たちにとって、地域社会とのつながりは薄い。

担当してきた子が式に参加するからと、児童福祉司にもお誘いがあり、その日は私も少しおしゃれして、子どもたちに会えるのを楽しみに出かけた。今年は、20人くらいの新成人がスーツや着物姿で、職員たちの盛大な拍手を受けて登場。一人ひとり、照れ笑いしながら、でも堂々と近況を語って挨拶をしていた。そんな姿を見ているだけで、「よかった

よかった」と涙がこぼれる。

大学に進学した子はひとりだけ。看護専門学校の子がひとり。施設を出た子たちの進学はたいへんだ。高校3年間、アルバイトしながら貯金し、奨学金をかき集めて進学しても、その後の生活費と学費の負担が重くのしかかって、中退してしまう子も少なくない。ほとんどの子は働いている。男の子はとび職など建築業、女の子は飲食店勤務が多かった。「結婚しました」、「赤ちゃんが生まれました」という子もいた。

あの子は何度も無断外泊したとか、職員を殴ってケガさせたとか、自傷行為が激しかったとか、顔見知りの職員が、施設にいた頃の新成人との苦労話を語ってくれた。「でも、式に来れた子のことは笑い話にできるけど、連絡のない子や行方不明の子たちが心配ですねぇ」と暗い表情になった。

私が担当だったJちゃんは、派手な着物と濃い目のメイクがよく似合う「お姉さん」になっていた。今はメイド喫茶に勤めているらしい。

Jちゃんは、中2の時、両親の離婚で母に引き取られたが、親子でケンカが絶えず、施設で預かってほしいと、母がJちゃんを児相に連れてきた。Jちゃんは、施設になんか行きたくないと言った。勉強ができて進学校に通っていた兄は、父が引き取っていた。私は、父にJちゃんの養育を相談したが、「仕事で帰りが遅いので」と拒否された。祖父母や母の姉にも連絡してJちゃんのことを頼んだが、親族全員が「引き取れない」と言った。家が狭いから、借金があるから、リューマチで通院してるから、とさまざまな理由をつけて、誰もJちゃんの面倒をみると言わなかった。母は「施設に入れてください」と涙ながらに何度も懇願した。「ふたりで仲良く暮らしていく方法を考えましょうよ」と私が言うと、「児相はなにもしてくれないんですか。私が死んでもいいと思っているんですか」と、母は突然キレて怒鳴りちらした。

「なんで私が施設になんか行かなきゃいけないの！　なんで転校？　友だちとも会えないし、ケータイも持てないし、ゲームもできないし、なんで私だけこんな目にあわなきゃいけないの！」

Jちゃんは大泣きして、親に捨てられたような気持ちで施設から中学に通い、高校に進学したものの、1年の夏休み前に中退してしまった。その後、Jちゃんは自立援助ホームに入って、電気製品を梱包する工場で働いていたが、「オトコと暮らすから」と自立援助ホームも出てしまった。

施設にいた頃は、訪ねる度に「私、いつ帰れんの？」と聞かれて困ったものだった。「式に出てくれてうれしいよ」と言うと、「まあね、学園（施設）の先生には世話になったしね」と笑っていた。「お母さんと会ってる？」「会ってないなぁ、生きてるみたいだけど」「今、誰かと暮らしてるの？」「ううん、やっぱりひとりがいいよ」と、大人びた顔をしてしみじみ言うから、苦労してるのかなと思った。

式の最後に、新成人が感謝の言葉を述べた。ある男の子は、職員の名前をあげて、お世話になりましたと頭を下げたあとで、涙声で「生んでくれたお父さん、お母さんに感謝します」と言った。その言葉に、それまで笑いが絶えなかった会場がシーンと静まり返った。隣にいた職員が、「棄児《きじ》なんですよ、あの子」と教えてくれた。生まれたばかりで公園に置き去りにされ、町長が名前をつけて、ずっと施設で育った子だった。

事情はそれぞれに違うが、施設に入るまでに親との間には大きな溝ができている。この子たちが施設を出て、ひとりで自立していく中でまず向き合わなければならないのは、やっぱり親との関係なのかと、改めて思った。

（2013年4月）

20 虫さされのあと

駅のホームで、若いお父さんが2、3歳くらいの男の子の半ズボンの裾《すそ》に、虫が嫌う液を染み込ませた「虫くるりん」のシールを貼っていた。やさしいお父さんだなぁとつい眺めてしまった。ネグレクトされている子どもには、虫歯と虫さされのあとがあることが多いから…。

数年前の出来事を思い出した。

母親が幼い子どもを置いて、夜、仕事に出かけていると近所から通報があり、家庭訪問した時のこと。木造の古いアパートの、日あたりの悪そうな1階の奥の部屋で、小学1年生の女の子がひとりテレビを見ていた。「お母さんは?」と尋ねると、女の子はなにも言わず首をふった。Tシャツ1枚の女の子の腕や足に、蚊に刺されたようなあとが無数にあった。びっくりして「どうしたの?」と聞くて、女の子は「かゆい…」と蚊の鳴くような声で答えたのだった。夏の暑い夜。部屋にはエアコンもなく、古い扇風機がガタガタ音を立てて回っていた。窓の外は雑草だらけ。窓に網戸はなかった。女の子を保護した翌日、母親は「誘拐だ！」と児相に怒鳴り込んできたが、結局、母は夜の仕事をやめられず、女の子は今も児童養護施設で生活している。

ある月曜日の朝。所長から「家出娘を保護してるから見にいって」と言われ、一時保護所を訪ねた。17歳。幼く素朴な顔立ちに真っ黒なまつ毛エクステが不釣合なのが印象的だった。

「あのね、あのね、だからね、聞いて聞いて」と、まるでドラマのストーリーを語るように、女の子は一所懸命、事情を説明してくれた。遠くのF市からネットで知り合った中年男性を頼って家出してきたこと。その男性とホテルに入ったあとで「値段」のことで口論になり、「死んでやる」とカミソリで手首を切ったこと。出血に驚いた男性が救急車を呼んだことから、警察が男性を逮捕し、日曜の夜中、警察は「被害児童の保護」として女の子を児相に連れてきたのだった。

幸い傷は浅かったが、「痛かったんだよ」と左手首の包帯を見せながら彼女は言って、ハハッとわざとらしく高笑いした。女の子は胸が見えるゆるいカットソーと短いホットパンツをはいていた。露出した腕や太ももから足首まで、虫さされのあとがいっぱいあり、そのあとが黒ずんで痛々しかった。ああ、親に構われてこなかったんだなあと思った。

児相内では、副所長が、女の子をこちらがF市に送って行くのか、あるいは迎えにきてもらうのか、F市の児相と電話でやり取りをしていた。結局、F市の職員がこちらの駅まで迎えにくることになったが、こちらも女の子が逃げないように職員3人体制で「見張り」をした。

児相には鍵のついた部屋はない。逃亡のおそれがあっても、子どもを閉じ込めてはいけないことになっている。駅でF市の担当に預けるまではこちらの責任。飲ませたり食べさせたり、朝からずっと女の子と雑談しながら過ごした。若い女性職員とアニメの話で盛り上がり、30代の男性職員のダジャレに「ウケルぅ、オヤジギャグ」と言いながらも、私たちの緊張を察してか、「大丈夫だって、逃げたりしないからさぁ」と言い、「高校は定時だったけど、やめちゃったんだ、あたしバカだから。イヌ以下ってクラスの子に言われた。腹立つよね」と言って、またハハッとわざとらしく高笑いをした。

それでも、児相から駅に車で移動する頃には、女の子の表情も固くなり、ひと言もしゃべらなくなった。夕方6時、予定通りF市の職員が迎えに来た。向こうも3人体制。男性ふたりに女性ひとり。女性職員とは、彼女が中学生の頃からかかわりがあったようで、「お母さん、迎えにこないって。だから、保護所にまた何日かいてもらうことになるよ」と言われると、女の子はあきらめたように「はい」と返事した。キティちゃんのキャリーバッグをごろごろと引きながら、職員に囲まれて女の子は改札口に入っていった。F市の一時保護所に入るのは夜の9時くらいになるだろうか。

同僚の若い女性職員が「あの子、どうなるんでしょう」とつぶやく横で、男性職員が言った。「ふざけてますよ、アイツ。ぼくら朝から一日つぶされちゃって、F市からも3人で迎えにきて、高い交通費と人件費みんな税金で、母親は迎えにもこないなんて、おかしいですよ、責任放棄ですよ」。口ではそう言いながらも心配そうだった。

私たちは3人で改札口の先を見つめたまま、ひょっとしたら女の子がまた逃げてくるんじゃないかと、しばらく立ち去ることができなかった。

（2013年8月）

解説

②

子ども虐待対応の現状はどうなっているの？

川松 亮

1. 子ども虐待対応の基本理念

日本における子ども虐待への対応は1990年頃からはじまります。厚生省（当時）が虐待対応件数の統計を取りはじめたのが1990年度です。日本の子ども虐待対応は欧米に比べて30年程度遅れてスタートしたと言われます。そのため、欧米の虐待対応方法を学びながら進めてきた経緯があります。

日本では2000年に児童虐待の防止等に関する法律（以下、児童虐待防止法）が制定されました。その第1条には虐待対応における基本理念が記されています。すなわち、「児童虐待が児童の人権を著しく侵害し、その心身の成長及び人格の形成に重大な影響を与えるとともに、我が国における将来の世代の育成にも懸念を及ぼすことにかんがみ、…（中略）…、もって児童の権利利益の擁護に資することを目的とする。」と書かれています。虐待は子どもの権利の侵害の問題であること、その子どもの成長や人格形成に大きな影響を残すこと、そして次の世代にもその影響が及ぶことに触れており、虐待対応は子どもの権利を守る取り組みであることを述べています。大切にしたい理念だと思います。

2. 子ども虐待相談対応件数の現状

さて、1990年に厚生省（当時）が虐待統計を取りはじめて以降、児童相談所における虐待相談対応件数は毎年増加し、２０１９年度の子ども虐待相談対応件数は19万３７８０件となりました。世間を騒がせる大きな虐待死亡事例があった年には、大幅に相談対応件数が増えるということが見られます。その増加の要因として、市民への子ども虐待に関する周知が進んで、発見通告が増えたことが背景にあると解釈されています。その意味では、支援につながる事例が増えたということを肯定的にとらえることができると思われます。

　近年、虐待相談対応件数が急増しているのにはもうひとつ理由があるとされています。それは、２００４年の児童虐待防止法改正で虐待の定義が拡大され、配偶者間の暴力が子どもの心理的虐待に含まれることが明確化されたことです。その後、警察がＤＶへの積極的な介入及び体制を確立したことにともない、２０１３年頃から、警察から児童相談所への通告（子どもの心理的虐待通告）が急増しました。その結果が、現在の虐待相談対応件数を押し上げている要因となっています。図３に見るように４つの虐待種別の内で、心理的虐待が半分を超え、図４（次頁）に見るように近年急激にその件数を増やしていることがわかります。また、児童相談所への虐待通告経

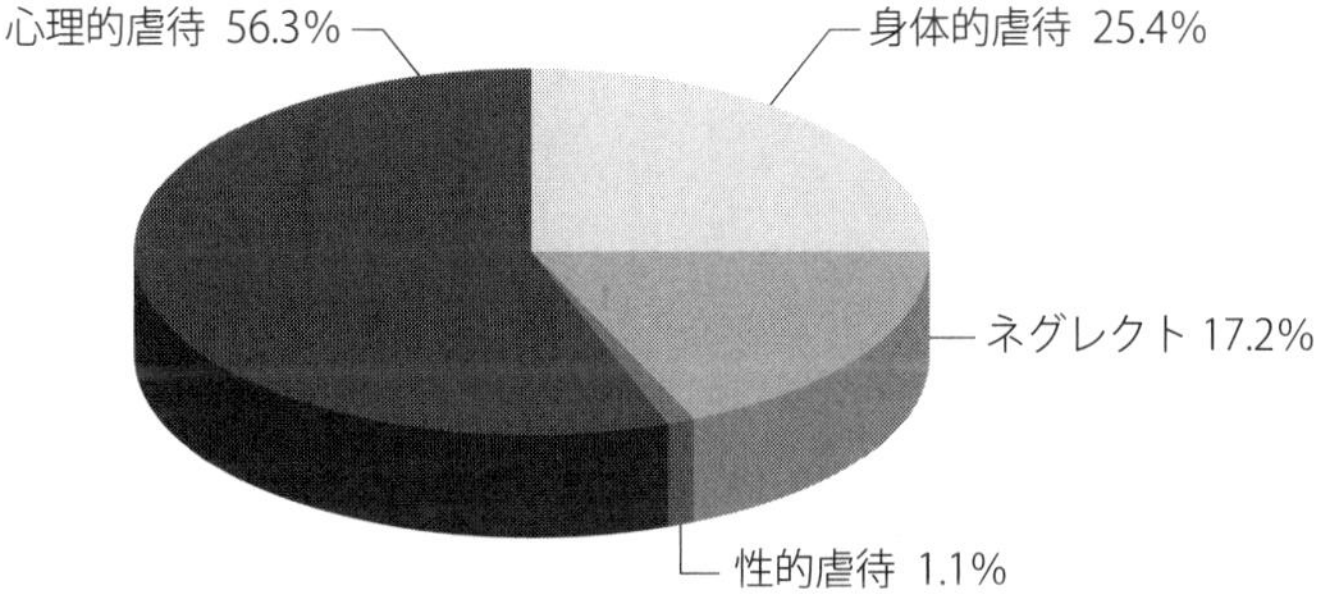

図3　2019年度児童相談所における虐待相談の虐待種別割合

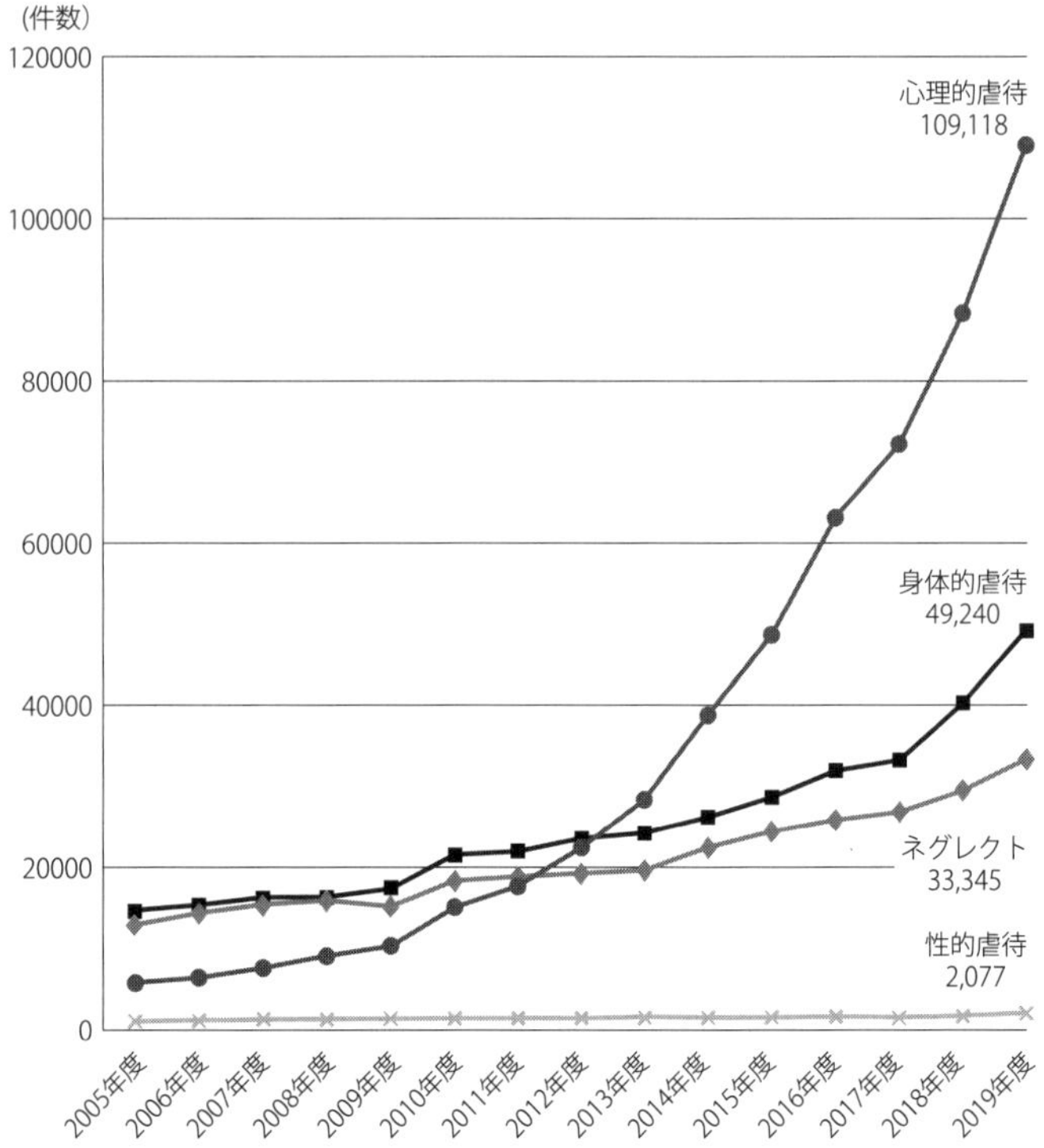

図4　虐待種別件数の推移
(図3、図4は2019年度厚生労働省福祉行政報告例から川松作成)

路についても、警察署が約半分を占めています。

3．子ども虐待対応の現状

日本では児童相談所と並んで市区町村も子ども虐待通告を受ける機関となっており、二層制での対応体制となっています。その市区町村に虐待相談がもたらされる経路では、最も多いのが児童相談所で、次に学校となっています。児童相談所では警察からの通告が最も多かったのと異なっています。市区町村内の行政組織からは市区町村の虐待対応部門に通告が集まり、市区町村が一定の対応をした上で、必要に応じて児童相談所の関与を求める仕組みが進んでいます。

児童相談所や市区町村が虐待通告を受けた場合、48時間以内に直接子どもに会って安全確認をすることが求められています。そして、子どもや家族から事情を聴いたり、関係機関からの情報を収集して、緊急度や重症度を判定し、必要に応じて児童相談所が一時保護をします。そしてさまざまな情報を総合し、養育状況や家族の構造、あるいは親子関係や子どもの特徴をアセスメントして、どこに課題があるのかを判断し、必要な支援方針を立てます。

２０１８年度に虐待相談対応をした件数（15万９８３８件）の内、一時保護をした件数は２万４８６４件であり、比率は約15・６％となります。また、一時保護の後に里親委託されたり施設入所した件数は４６４１件であり、虐待相談対応件数に占める割合は約２・９％となります。したがって、虐待対応をした子どもの内、約97・１％の子どもは在宅での生活をしていると考えてよく、地域での子育て支援が重要なことがわかります。

虐待により命を失う虐待死亡事例は、国の報告で毎年70〜90件程度とされており、重症な事例が引き続き発生しています。子どもが傷つき希望を失うことがないように、児童相談所をはじめとした関係機関のアセスメント力向上、連携の促進、相談体制の強化が繰り返し叫ばれていますが、なによりも虐待に至らないための地域での予防支援が重要であると言えます。

４．子ども虐待対応の姿勢

虐待という言葉はイメージが強烈で、むごたらしいことといった語感があります。しかし、市区町村や児童相談所が支援しようとしている事例には、そういった事例は少ないものです。それよりも圧倒的に多いのは、子育てに困難を抱え子どもの成長発達にとって不利になるような状況が見られる場合で、それに対して養育状況の改善を求めて市区町村や児童相談所が社会的な介入をしようとしているのです。これらの事例では、生活上や親子関係の上での困りごとを抱えている場合が多く、保護者を責めても事態は改善しません。今までと違う子育ての方法を提案しながら、その改善を求めて一緒に取り組むことが、虐待対応の姿勢だと言えるでしょう。

こうした子育て状況は、「不適切な養育」（マルトリートメント）と呼ぶことができます。その状況に対して、子どもの立場から有益な子育てに転換できるように支援することが求められます。そしてその核心になる観点は、「子どもの安全・安心」が守られているかどうかでしょう。子どもの安全・安心が守られていないと思われる場合に、それが実現できるように保護者とともに考えることが必要なのです。

こうした支援はひとりの支援者やひとつの支援機関だけでは成し得ません。支援のためには多くの機関や多くの支援者がかかわる必要があります。そこで、お互いの支援につなぎ合うことが大切となり、「つながる・つなげる」ということが支援の上でのキーワードになると言えます。

3　心に届く言葉は見つかるのか

21 心に届く言葉は見つかるのか

よくもまあ、こんなにたくさん穴を開けられたものだ、と感心しながら見ていた。左右の耳には銀色のピアスがずらっと並んでいる。鼻にも唇にも。痛くないの？　ついそんなことを聞いてしまう。女の子はハァ？　と笑うような笑わないような、あどけない顔で小動物みたいに瞬《まばた》きを繰り返す。チックかな、と思う。うなじのところには、ハートに矢が刺さったタトゥーが。

警察官に連れてこられたその16歳の女の子は、家出をしてキャバクラで働いていたそうだ。同僚の男性職員Aさんと一緒に面接をした。

Aさんが「きみはこのひと月、どうやって生活してた？」と尋ねると、女の子は「バイシュン」と答えた。

「もっと自分を大事にしなきゃだめじゃないか！」

Aさんのその言葉に、女の子はへっ？　と不思議そうな顔をした。なに言ってるの、この人、みたいに、口を開けてぽかんとした表情になった。私ならこの子になんて言うだろう、と考えながら、ぶらぶらゆれるピアスを見つめていた。

Aさんが担当するUくんが、自立援助ホームから「出ていけ」と言われた。

Uくんも16歳。父母とも行方不明で、乳児院からずっと施設で育ち、高校には行かないと決めて、働きながら自立援助ホームで生活していた。倉庫の品出しのアルバイトを続けて、50万貯めると言っていたのに、ホームの職員に些細《ささい》なことで注意されて、殴りかかったらしい。駅前のマンガ喫茶で寝泊りして、仕事にはまじめに通っていたが、放っておけばホームレスになるのは見えていた。私はAさんと一緒に、Uくんを連れて福祉事務所に相談に行ったが、「仕事も所持金もあるし、だいたい未成年は児相の範囲でしょう」と取り合ってもらえなかった。

「アンタ、なんとかしてくれよ」。

Uくんのそんな言い草にちょっとムカッとしたら、Aさんは、「これでも出世したんです。最初は〝おめぇ〟だったけど、それが〝おまえ〟になって、今は〝アンタ〟と呼んでくれるようになったんです」と笑っていた。

3人で不動産屋さんを何軒かまわったけれど、「保証人がいないし、未成年には貸したくないんだよ。学生さんならねぇ」と、どこでも同じようなことを言われた。それに、家賃が2万円と格安な物件でも、敷金・礼金、火災保険料、プロパンガス代の前金など、なんだかんだで15万円くらいはかかってしまう。Uくんの通帳には20万あるが、契約時にそんなに払ったら、次の給料日まで食いつないでいけない。

「15万ならあるよ」とUくんが取り出したのは、おもちゃの1万円札だった。「これ、アンタにやる」と言って、Uくんはまた1泊1500円のマンガ喫茶に帰っていった。おもちゃの1万円札はちょうど15枚あった。渡されたAさんは、「アイツ、こんなものをどうして、ずっとサイフに入れてたのかなあ」と首をかしげていた。

Uくんは、「施設はどこもいやなんだ」と言って、別の自立援助ホームを勧めても「いやだ!」を繰り返した。その気持ちは、ずっと施設で育ってきたからしかたないのだけれど、だからといって住まいを見つけるために自分から動こうとはせず、誰かが用意してくれるのを待っているようなところがあった。

Aさんは、ある社会福祉法人が持っている職員寮のようなところを、破格の家賃で借りられるように話をつけてきた。駆けずりまわって、ようやく探し出したのだと思う。Uくんの暮らす場所がなんとか見つかった。

ある日、Uくんが児相に電話してきた。

Aさんが、Uくんが以前いた児童養護施設の園長を説得して連帯保証人になってもらい、Uくんはようやく携帯電話が持てたのだった。Aさんは、よかったなと言いながら、私にも電話を代わってくれた。「Uくん？」と言うと、Uくんはうれしそうに「持てた」とひと言だけ返してきた。私は、Uくんになにか言ってあげなきゃと考えた。とっさに、フーテンの寅さんのセリフだったか、「畳の上で死にたいねぇ」と、そんなのが浮かんだが、Uくんには届かないだろうなと思いながら、やっぱり「よかったね」としか言ってあげられなかった。

その後、Uくんは、倉庫の品出しの仕事をあっさりやめてしまい、無職になった。

しかたないとはいえ、まだ16歳のUくんに「自立」を迫る私たちが酷《こく》なのかもしれない。

Aさんは「アイツ、ぼくの息子と同い年なんです」とぼそっと言った。

（2013年12月）

22 福祉フクシした…

ずいぶん以前のこと、私がずっと尊敬していたある先生の講演を聞いた時の驚きを、今も忘れられない。

「児童虐待防止法は、じつに危険な法律です。家の中に役所が介入してくるわけです。厚生労働省は戦前の内務省。ハンセン病患者を強制隔離したのは内務省ですからねぇ。虐待があったと決めつけて、ずかずかと家の中まで立入調査できる権限を、役所の末端機関である児童相談所に持たせる、そういうおそろしい法律なんです」。

その頃、私はもう児相で働いていて、身体中にあざがあったり、機能障害を負って保護された子どもたちをたくさん見ていた。その発言はあまりに現場の感覚とかけ離れていて、「家の中に入らなきゃ、なにが起きているかわからないのに…」と、思わず舌うちしていた。

家庭の中で、親は子どもにとっての〈強者〉だ。母親と子どもの利害が相反するのはよくあることで、一所懸命の子育てが虐待につながることもある。家庭という〈密室〉で起きていることは、外からはわからない。

同僚のMさんは子育て中の30代、ついこの間まで育児時間を取っていた。「子どもにかかわる職場なので、子育てに理解があると思って」と、転勤してきた当初、そう言っていた。夫は会社員で、自宅にも保育所にも近いからと、この児相を選んだらしい。

そんな彼女が、ある日の所内会議でベテランの男性職員とぶつかった。

近所からの電話で家庭訪問したあるケースを、Mさんは「非該当」として終了する提案をした。「非該当」というのは、訪問してみたところ虐待にあたらないと判断したということで、それは内部の記録にしか残らない。しかしベテランの男性職員は、「虐待があった」と報告書を訂正するよう迫った。Mさんは、この母親は孤立感を感じながらもがんばって子育てしていて、虐待にはあたらないと抗議したが、所内会議は「助言終了」、つまり、児相職員が家庭訪問して、母が虐待を認め、指導し、終了した、ということでこのケースを処理した。

Mさんは、「たとえ内部の書類上のことと言われても、母親ばかり責められてくやしいです…」と気持ちがおさまらない様子だった。

近隣の年配らしい匿名女性から、「幼稚園くらいの男の子の泣き声と、母親のヒステリックな怒鳴り声がする」という電話があった。児相では、電話の内容がどんなに曖昧でも、虐待の疑いがある「通告」として受け付け、必ず調査することになっている。

Mさんが家庭訪問することになった。インターホンを押して「児童相談所です」と名のると、その母親は驚いて、Mさんが訪問の理由を告げると、ショックで玄関先で泣き崩れたという。

「子どもは4歳と2歳の男の子ふたりで、やんちゃ盛り。ティッシュが箱からまき散らされて、きょうだいゲンカして泣きわめいていたら、誰だって、いいかげんにしなさい！と怒鳴りたくなりますよ。確かに、ベランダに出したこともあったみたいですよ、声も大きな人でした。あの辺は、静かな住宅街ですから。でもね、一所懸命子育てしてるんですよ。それを、怒鳴ったから心理的虐待だとか、ベランダに出したから身体的虐待だとか、おかしいですよ」。

Mさんは、母親に同情していた。40代半ばのその母親は、幼稚園の若いママ友とは世代のズレがあり、実家の両親は子育てを助けてもらえるような関係ではなく、夫は仕事で毎晩帰りが遅い。夫は「きみのやりたいようにやりなよ」と言いながら、家事も育児もノータッチだという。

Mさんは、その母親と、社会は子育てに冷たいと、とくに、子育てが終わった中高年世代の電車やバスでの冷たい視線がつらい、周りを気にしておどおどしながら、泣きやまない子どもをあやす親の気持なんてわかってもらえない、と、共感しあったそうだ。「それ、いいじゃない。Mさんがこれからも時々家庭訪問して、そのお母さんを支えてあげれば」と私が言うと、「わかってないですねぇ。虐待をかぎまわる、そういう福祉フクシした指導がわずらわしいって、気づかないんですか」Mさんはぴしゃりと言った。

Mさんの言うこともわかる気がした。でも、同じ母親の立場で共感することで、虐待を見極めるセンサーが鈍ってしまう危険がないわけではない。虐待の発見と子育て支援、子どもの保護と家庭復帰への支援——矛盾する仕事の狭間《はざま》で、どうすれば子どものいのちを守れるのか、なにが子どもにとっての安心・安全なのか、迷いと不安の中で、いつも戸《と》惑《まど》っている。

（2014年4月）

23 神頼み

ＩＴ関連企業で働く人たちには、信心深い人が多いという。洗練されたオフィスに大きな神棚があったりするらしい。それは、自分たちのやっていることが虚業で、明日をも知れぬ経営不安があるから、神頼みに走るのだとか。

私の知っている児相の職員にも、信心深いというか、縁起をかつぐ人が多い。通勤途中の道祖神に毎朝手を合わす。神社やお寺は素通りせずに一礼する。朝の通勤路を変えない、そうすると、「1日が無事に終わるのよ」と、真顔で語る同僚たちがいる。夕方近くに「今日は平和ですね」などと言ったら先輩から叱られた。「縁起でもない。そんなこと言うと電話が鳴っちゃうよ（虐待を呼び込むんだから）」と。

じつは私も机の引き出しにお守りを入れている。80歳になる母が「持っときなさいよ、助けてくださるから」と送ってくれた。その時は「はい、はい」と笑っていたが、引き出しをあけるたびに、ちらっとながめてしまう。

子どもが死んでいく事件や事故に遭遇《そうぐう》したくないのだ。担当した子が亡くなってしまうことほど、やりきれないことはない。死んでしまった子のことを思い悩みながら仕事をしている同僚を見ているのもつらい。あなたが悪いわけじゃないよ、やるだけのことはやったんだから、とわざとらしいことも言えないし…。


父親が、2歳の女の子の腹部を蹴って死なせるという事件が起こった。担当していた児童福祉司は、4月に私の職場に異動してきて、前任者から引き継いで、親とも子どもとも一度か二度会ったばかり。ショックだったんだと思う。彼女は、パソコンをながめながら、しじゅう手で目をこするようになった。何度もトイレに立つようにもなった。トイレで手を洗っているのをよく見かけた。私はそんな彼女に、なんと声をかけていいのかわからなかった。

その事件は、母親がうつで通院していて、時々短期で入院することもあるので、生まれたばかりの女の子を乳児院に入れた。父親からの依頼で預かったが、父親も仕事が忙しいという理由で、両親とも面会が途絶えていた。女の子の2歳の誕生日をきっかけに、両親が定期的に乳児院を訪れるようになり、週末には、女の子を自宅に連れて帰り、家族で過ごす機会が少しずつ増えてきて、何回か外泊をはじめたばかり。その外泊中の出来事だった。「そろそろ家庭引き取り可能かな」と前任者が話していたのを覚えている。親子の交流は順調そうに見えた。まさかこんなことになるなんて…。

父親は、警察の取り調べの中で、「自分になつかないので腹が立った。感情がおさえられなくなって、イライラして蹴ってしまった」と語っている。親子の愛着関係ができていなかったんだ。

その後開かれた死亡事故検証委員会でも、外部の委員から担当の児童福祉司はそこを何度も厳しく聴かれた。父親と過ごした時間が短く、乳児院の職員にも、父親は「自信がない」と語っているのに、どうして外泊交流させたのか。乳児院から自宅に外泊する時、子どもは「行きたくない」と泣いたというじゃないか。虐待の信号を見落とした担当の責任をどう考えるか、と。

父親は、普段はやさしいフツウの人だったという。担当は、途切れた親子関係をつなごうとした。一緒に過ごす時間が増えれば、きっと「親子になれる」と期待して。そこに焦りがなかったとは言えない。しかし、なぜあの父親があんなことを。

父親の、線の細い体格と穏やかな表情、腰の低い態度、言葉遣い、それらを思い起こしながらお通夜に行った。女の子にお別れが言いたかった。焼香をして手を合わせながら、女の子の遺影を見てハッとした。女の子は父親そっくりな顔をして笑っていた。たぶん父親は、自分にうりふたつの娘がなついかないことに、一瞬、絶望的な気持ちになったのかもしれない。

誰だって思いもよらない行動に出ることはある。心の闇を抱えて生きているものだ。それでも、たった2歳で親に蹴り殺された女の子の無念を、推しはかるすべもない。やはり児相は、穏やかな表情の裏に隠れた父親の暴力性・衝動性を予見すべきではなかったか。私なら、それができたのか?

仕事に行き詰まると、よく乳児院に出かける。赤ちゃんにふれると希望がわくからだ。看護師さんに気持ちよさそうに沐浴《もくよく》させてもらっている新生児を見ているだけで、しあわせな気持ちになる。

手のひらをぎゅっとにぎって、あくびをするその姿に思わず手を合わせてしまう。どうかこの子を守ってくださいと、祈りたくなる。

（2014年8月）

24
ごみ屋敷の子

その家は、高台に建つ白いすてきなおうち。しかし、その外観からは想像できないほど、うちの中はうず高く積まれたごみ袋だらけの、いわゆる「ごみ屋敷」だった。

そこに、小学5年の弟と中学2年の姉、母の3人が暮らしていた。学校から「ずっと登校していないきょうだいがいる」との通告を受け、何度も訪問したが、出てきてもらえず、手紙をドアに挟《はさ》んでも返事がなかった。

きょうだいの生存確認ができないのであれば、出頭要求を出すしかないと考えていた矢先、ようやく別居している父から話を聞くことができた。父はいわゆるエリート官僚で、「役所の近くにマンションを借りています」と述べ、妻から毎晩、掃除機のホースでたたかれていた、と涙を浮かべながら語った。お子さんたちは？　と尋ねると、「さあ、最近は顔を見てないんですよ」と他人事のように言った。

弟は3年ほど誰も顔を見ていないが、姉は時々登校していた。1週間に1、2度、思いついたように昼前に学校に現れ、相談室で給食を2人分くらい食べ、大好きなイケメンの若い補助教員と1時間くらい雑談して帰っていく。相談室に来ると、すぐに教員が洗濯しておいたジャージに着替えさせ、彼女の制服に消臭剤をかけて外に干していた。「すごく臭うんですよ。そのままでは教室に入れさせられない。本人も、いじめられるから教室には入りたがらないんです」。学校は、なんとか姉の登校が継続するようあれこれ気遣っているようだった。

学校で姉と面接し、うちの中の様子を聞いた。弟は、夜になると暴れて、母や姉を殴ったり蹴ったりするらしい。

「お母さんにうちの中を片づけてもらいましょう。それまで、あなたと弟さんは一時保護所で生活するのはどうかしら？　ちょうど夏休みになるし」と言うと、姉は「はい」と素直にうなずいたが、「でも、今日はいや！」と先延ばしにして、なかなか応じなかった。

真夏にエアコンも壊れ、扇風機だけで、窓も全部締め切って、風呂もごみだらけで使えず、外出もほとんどしないらしい。子どもにとって適切な環境ではない。母のネグレクトの疑いで、立入調査ときょうだいの一時保護を敢行することとなった。

父からの情報によれば、母は毎週水曜日に朝から実家に出かけ、1週間分の生活費を祖母（母の母親）にもらいに行っているという。

そこで水曜の朝、父に立ち会ってもらい、父がカギを開けて、父の了承を得てきょうだいを保護することになった。児相の職員10人が待機し、母の外出を見届けて、家に入った。

玄関の外にもごみの臭気がただよってくる。私は鼻の下にメンタムをぬり、マスクをして、帽子をかぶり、ビニール手袋の上から軍手をし、ビニールの靴カバーをして中に入った。

玄関までうず高く積まれたごみ袋の山を登る。猫が10匹くらいいて、その糞尿《ふんにょう》と生ごみの腐った臭いが混ざって息もできない。ごみ袋に手をつくと、そこからハエが大量に飛び出す。ごみと糞尿が何層にも積みあがった廊下を越えて、ようやくきょうだいを見つけた。

弟は、ボロボロのソファに横になってテレビを見ていた。姉は、台所の流しのあたりに呆然と立っていた。その流しもごみだらけで、とても調理ができる状態ではなかった。

抵抗するふたりの手足を持ち、それぞれ車に押し込んで、ようやく一時保護所に入れた。

そんなふうに保護したふたりだったが、結局、うちに返すことになった。祖母がお金を出して業者にごみを片づけさせ、ついでにリフォームもして、見た目にはきれいになったからだ。

祖母は、民生委員を務め、気丈で一言ひとこと滑舌よく演説調で語る、強烈な人だった。

「私が孫の面倒をみますから、どうかうちに戻してやってください」。

裕福ということだが、訪問すると、祖母の家もまた、玄関は靴が散乱し、部屋はモノであふれ、雑然として汚かった。母は、「小さい頃から厳しく育てられた」と語っていた。母を支配し、母の生きるエネルギーを奪っているのは、この人だと思った。

きょうだいはふたりとも「うちに帰りたい」と、保護所で毎日のように言っていた。保護所が「快適」とは言えないが、母も子どもたちも、以前の暮らしに「慣れていた」という。

ごみ屋敷は、片づけても片づけても、またすぐにもとに戻ってしまう。

生ごみと猫の糞尿が層のように積もり、暴力が日常的にあっても、「うちがいい」という子どもにどう対応すればいいのか、わからなかった。

（2014年10月）

25 Jくんの「相談」

夕方、Jくんが突然、児相に現れた。

「○○いる?」作業現場の帰りの態で現れ、児童福祉司を呼び捨てにする彼に、応対に立った職員は若い父親が子どもを返せ！　と怒鳴り込んできたのかと緊張していた。

「Jくんじゃない、元気?」

「なんだ、○○いねぇのかよ」。お目当ての福祉司がいないので帰ろうとするJくんを、近くのファミリーレストランに誘った。

「腹減ってるから、いっぱい食うよ。誘ったのそっちだからな」

Jくんは、「高校なんてクソだ」と中学卒業後、自立援助ホームに入り、カレー屋、ラーメン屋、焼肉屋と仕事を転々とし、「自衛隊に入る」とホームを飛び出してしばらく音信不通だった。

「ソースねぇのかよ」。店員さんに横柄な口をきき、ずっと貧乏ゆすりをして、皿をガチャガチャいわせ、食べ方も汚くて、面倒くさそうにしゃべるニキビ面のＪくんは、かわいそうなほどかわいくない。

「今は建築現場で働いてるの？」

「マンションの塗り替えとかやる時の足場立ててんだよ、高いとこ登る仕事。こわいけど、金いいよ。15万くれるし。18になったら23万にしてやるって、オヤジが言ってる」

「オヤジ？」

「現場の主任さんみたいな人」

10代で、未婚でＪくんを生んだ母は、育てられないからと彼を乳児院に預けた。父親は誰だかわからない。

「どこに住んでるの？」

「働いてる人と3段ベッドで寝てるよ。家賃は引かれてるみたい。風呂はシャワーだけ。朝、5時半に起きて6時に駅前でオヤジが車で拾ってくれて現場に行く。飯？　コンビニだよ」

Ｊくんはこだわりが強く、車の車種や弁当の種類など、細かいところをていねいに説明してくれるが、話が前に進まないので急《せ》かそうとするとムッとした顔をする。相手の気持ちを理解してしゃべることが苦手で、学校でも施設でもトラブルメーカーだった。ともあれ、ようやく辿り着いた今の居場所は「快適」であるらしい。

「保険入ってる?」

「なに、それ? 生命保険的なヤツ?」

国民健康保険について説明すると、「いいよ、風邪ひいたらクスリ飲んで寝るし」「ケガしたらどうするの…」住民票も自立援助ホームから移していないというので、市役所に一緒に行こうと勧めても、「いいから、いいから」とうけあってくれない。

「今、ほしいものなに?」「安全ベルトほしいかなぁ」「安全ベルトしないと危険でしょ。会社で支給してくれないの?」「おたくらみたいに、冷房効いたとこでラクしてるのとワケが違うんだよ」そう言いながら、あたりを見まわして「おれら、親子に見えるかな。お母ちゃんとできの悪い息子」と、照れくさそうに言って、ククッと笑った。

「お母さんの連絡先知りたい?」

「はぁ? ばかじゃねぇの。会いたくねぇし」

Jくんは、児童養護施設にいた小学生の頃、母が訪ねてきて、母と交際相手が暮らす家に何度か泊まりにいっていた。母はその後、交際相手と別れてどこかに行ってしまい、Jくんと会ってないが、児相は住民票から母の居所を把握している。

「18になったら23万もらえるから、オレ、結婚しようと思ってんのよ」

「好きな人、いるの？」

「いないけどさぁ、23万あったら結婚できんじゃん」

「早く23万もらえるようになるといいね」と言ってあげたかったが、言葉が出なかった。

家賃とコンビニで買う食事代を引いたら手元にいくら残るんだろう、ケガした時の治療代が心配だな、Ｊくんには困った時に頼れる親族がひとりもいないし、18歳で結婚したいと言うのも、やっぱり寂しいのかもしれない…そんなことが頭をよぎった。

なにか言わなきゃと思って、「女の子とつきあう時はちゃんとコンドームをつけなさいよ」とつい説教口調になってしまう。「望まない妊娠だけは…」と言いかけて、話題を変えた。

「○○さんに用があったんじゃないの？」。○○さんは彼が小学生の時から担当している福祉司だ。きっとなにか相談があったんだろう。でも、何度聞いても、「いいから、いいから」としか言わなかった。

汚れたニッカズボンの後ろ姿を見送りながら、「23万あったら結婚できんじゃん」と言った、16歳の彼の生活を思った。


（2014年12月）

26
月曜日、朝8時…。

毎朝、8時前に出勤して、児相の玄関を開ける。目の前を通る中学生に「おはよう」と声をかけるが、応えてくれる子はほとんどいない。ジソウって、やっぱりうさんくさいのかな？

月曜日、朝8時…。

始業前というのに、ほとんどの児童福祉司が席について、パソコンに担当ケースの経過記録を入力している。

警察からファックスが届いている。

中学1年男児、家庭内暴力。日曜の夜中、塾をさぼって叱られた男の子がキレてドアを蹴ったり、傘をふりまわして暴れたので父親が110番し、警察が臨場《りんじょう》。「事件に発展するおそれがあるため、監護の限界を申し立てた父母の了承を得て、児童相談所に身柄通告する」とある。朝４時に一時保護所に入ったようだ。保護所に電話すると、男の子は抵抗することなく部屋に入り、疲れていたのか。今もぐっすり寝ているという。「保護所に行く予定だから、その男の子の話も聴いてくるよ」と、ベテランの福祉司が飛び出していく。

始業とともに、６本ある電話回線はすぐにすべてが埋まる。

保育園から、登園した２歳の女の子の太ももにあざがあると連絡が入る。

先月から度々、身体にあざや傷があると保育園から相談があり、そのつど、お母さんを訪ねて話を聞いたが、「転んだのかなぁ？　ぶつけたんでしょうか？」と曖昧に答えるので、気になっていたケースだ。「リョウちゃん（同居中の男性）が蹴った」と女の子は話したという。「時々、若い男の人が迎えに来るんです。Tシャツから刺青《いれずみ》が見えたりして。でも愛想はいいんです。お母さんは携帯ばっかり見てるけど」と園長。所内の会議で女の子を保護することになり、すぐにタクシーで保護所に移送。保育士さんに見送られた時は笑顔でバイバイしてたのに、急に「ママぁ」と泣き出す。泣きやまない女の子をなだめて保護所に預け、お母さんに電話する。子どもを保護したこと、くわしい事情を聴きたいので児相に来てほしいことを伝えると、「それって、拉致《らち》ってこと？　リョウちゃんと一緒に行っていいですか」と言うので、「今日はお母さんひとりで来てください」と答えると、「はぁーい」とあっさり電話を切られてしまう。お母さんはなかなか来なくて、こんなんじゃ、すぐに返せないなぁと思う。

児童養護施設から、入所中の小学6年の男の子が、同じ寮の中学生の下着を盗んだとの連絡が入る。

男の子は、盗んだ下着をビニール袋に入れてトイレのタンクに隠していた。「盗られた女の子たちはショックを受けている。今後の対応について相談したいと施設長は言ってます」と所長に報告。その施設では、以前、中年の男性職員が、入所中の中学生の女の子にわいせつ行為をしていたという事件があった。女の子は特別支援学級に通っていた。発覚した時も「センセイとケッコンする」と言っていた。結局、職員は依願退職。あの職員が、またどこかの施設に勤務するなんてことにならないよう祈りたい。

夕方、前夜の身柄通告で保護した中1男児の父親から抗議の電話が入る。

「子どもを返してくれ。塾がある、学校がある、子どもの将来に傷がつく。警察が勝手に連れていった、納得できない」「家に返すと回答するまで電話を切らない」と粘られ、電話は1時間半に。しまいには「うちの子の一生を台無しにしないでくれ」と電話口でわんわん泣かれた。一時保護することを父親は了承していたのでは？　昼間、男の子と面接した福祉司の報告では、小さい頃から父親に毎日のように殴られ、その恨みが引き金かと考えられた。保護したまま調査継続だ。

夜、仕事が終わってから児相に来た2歳の女の子のお母さんは、子どもを返してくれとは言わなかった。リョウちゃんからプロポーズされたことや、リョウちゃんの親から気に入られていることを得意げに語って帰っていった。しあわせそうに話すお母さんの笑顔を見ながら、疲れがどっと出た。

ため息をつきながら席に戻ると、今年配属されたばかりの若い福祉司が、ちょっといいですか？　と声をかけてきた。祖父から何年も身体をさわられ続けてきた高校生の女の子のケースを担当し、その対応で悩んでいるようだった。彼女は、朝からずっと私に相談する隙《すき》をうかがっていたらしい。彼女の話を聞きながら、私は、お昼を食べ損ねたことに気づき、今日はまだ月曜で、週末はかなり遠いなと思った。

（2015年4月）

27 電車でゴー！

タクシーが止まって私がお金を払っている隙に、男の子が反対側のドアから飛び出して逃げてしまった。待って！　戻りなさい！　そう言って戻るわけがない。男の子は、ひっきりなしにクルマが通る国道を全速力で走り抜けていった。もうだめだ、トラックにひかれる！　と思ったところで目が覚めた。幾度となく見た夢の場面だ。

もう2年前になる。小学6年のMくんを、同僚の職員とふたりで保護所まで連れていく途中のこと。「タクシーが止まったら逃げようなんて考えたらだめだよ。警察を呼んでパトカーで追跡してもらうからね」とにらみをきかせた。今から考えると、パトカーで追跡っていうセリフが、Mくんの心に火をつけたのかもしれない。

Mくんは電車が大好きだ。改札を飛び越え、無賃乗車していたところを新幹線の車内で鉄道警察につかまった。つかまった先の児相職員がふたりで私たちの町にある駅まで連れてきてくれた。私たちもふたりでMくんの手をしっかりつかんでタクシーに乗せたところまではよかった。しかし、タクシーが一時保護所の玄関に着いたところで、Mくんは走って逃げた。

私と所長はMくんの自宅を訪問して謝罪した。すると、母は落ち着いた口調で、「あの子になにかあったら責任をとってもらいますから」と言った。あとでわかったことだが、Mくんの家出・無賃乗車はこれまで何度もあり、母はそのたびに遠方の駅まで迎えにいっていた。今回も鉄道警察から連絡が入ったが、忙しくて迎えに行けませんと母が答えたので、警察は最寄りの児相に身柄通告したようだった。母は、「もう疲れました」と警察に言ったそうだ。

その日の夜中、私鉄の終電車の終着駅でMくんは保護され、そこの最寄りの児相職員が、今度は公用車で4人ががかりで一時保護所まで届けてくれた。私たちも大勢の職員で取り囲むようにして、Mくんを保護所に入所させた。「まるで凶悪犯みたいだな」と誰かがつぶやいて、私も苦笑いした。

Mくんは保護所で「おうちに帰りたくない。ママが勉強、勉強って言うのがいやだ」と言った。私立中学を受験させたくて、毎日塾に通わせ、塾から帰っても母がつくった問題集を夜遅くまでやらせるらしい。

Mくんは全国の駅名を覚えていて、特急が何時にA駅を出て何時にB駅に着くとか、C線のD駅に何時何分に列車の連結があるから見にいきたいとか、とても楽しそうに話してくれた。でも、小学校に友だちはひとりもいないし、からかわれるから同じ中学には行きたくないとも言った。

Mくんは、人とのコミュニケーションが極端に苦手だった。

一時保護して3日目、母が「あの子を返してください。これ以上、塾を休ませるわけにはまいりません」と言ってきた。

「お母さんがMくんを追い詰めるから、電車で逃げるんじゃありませんか？　Mくん言ってました。海外に赴任しているお父さんが帰ってくると、ケンカばかりで、お父さんがお母さんを殴るって。Mくん、つらいんじゃないでしょうか…」と言うと、母は「言われなくてもわかってます。母親ですから。学校でいじめられてることも知ってます。でも学校はなにもしてくれない。Mは人づきあいが苦手だから、せめて勉強させていい学校にと思うんです。夫は私に任せるからとしか言いません。私がひとりがんばるしかないじゃないですか」。

心理的虐待にあたる、と母を責めてMくんをずっと保護していても、状況はなにも変わらないだろう。母には母の「困り感」がある。それを誰かが支えてあげるしかないのでは、と思った。

話し合いを何度か重ねて、Mくんを母のもとへ返すことになった。

「Mくんがまた逃げても、児相はMくんを保護して、お母さんのところへお返しするようにします。これからもそうしていきますから」と私が言うと、母は一瞬戸惑った表情を見せて、「よろしくおねがいします」とうつむいた。

その後、児相はMくんを2回保護した。母から逃げるのも、Mくんなりの対処方法なのだろう。

そういえば、国道を走り抜けて私たちから逃げたMくんは、迫って来るクルマとの距離を直感的にとらえてかわしながら、ひかれないように斜めに走り抜けていった。あの時は死んじゃう！と思ったけど、Mくんやるなぁ。

他人との距離を適度に保つことが苦手なMくん。ストレスをためる前に上手に逃げて、生きていってほしいなぁ、と思った。

（2015年6月）

28 Mちゃんのひとり暮らし

「20歳超えたから、ジソウに相談するのはもうダメかな?」

Mちゃんが笑って電話してきた。今のジソウに異動する年、高校入学の時に会ったのが最後だから、5年ぶりになる。Mちゃんは大学3年生になっていた。生命工学を専攻しているという。Mちゃんは勉強が得意だった。大学に行けてよかったと思いながら話を聞くと、母は生活保護を受給しているが、Mちゃんだけ世帯分離して、奨学金とバイト代でやりくりしているらしい。

「学費減免と奨学金かき集めて、朝はコンビニ、夜は居酒屋のバイトでなんとかやってる。卒業したら返済がたいへんそうだよね」と笑った。

ママはどうしてる? と聞くと、「相変わらずだよ。週に3回ほど倉庫の品出しの仕事してるけど、お酒はやめられないし、片づけられないし、ゴハンいっぱい食べて吐いてる。でも、わたしのバイト代には手をつけないから、えらいなぁって思ってる」。

電気、ガス、水道。ライフラインが止まって幼いきょうだいだけで暮らしているらしいと通告があり、ジソウが保護した時、Mちゃんは小学3年生。妹は年子で2年生だった。母はソープランドで働いていたが、稼いだ金をぜんぶ男に貢ぎ、何日も帰らなかった。映画「誰も知らない」（注1）のように。

ジソウはふたりを一時保護したが、その時のMちゃんの抵抗ぶりはすさまじかった。職員たちは、おなかを蹴られ、顔面を何度も殴られながら、最後は4人がかりで手足を持って押し込むように車で運んだという。「やめろぉ！　誘拐だ！」とMちゃんが叫ぶので、パトカーまで来た。車の中で暴れるMちゃんを、女性職員が左右から抱えるように身体をおさえて、ようやく保護所に入った。お気に入りのブラウスを破られた、と後々まで嘆く職員もいた。

Mちゃんはそんなふうなのに、妹はまったく抵抗せず、保護所でも、その後入った児童養護施設でも、ニコニコしておとなしく、職員にもよくなついた。

私がMちゃんを担当したのは施設に入ってからで、何度も面接したが、ずっと「心を閉ざした子」という印象は変わらなかった。母に不利なことは一切しゃべらなかった。

一方、母は饒舌《じょうぜつ》だった。ソープランドで指名ナンバーワンだったこと、男たちがイケメンだったことを、面接室で自慢そうにしゃべった。「ジソウに子どもを取られた、早く返せ！」と怒鳴るのに、子どもたちを引き取ることには消極的だった。妹の面倒も、酔って帰宅する母の世話もMちゃんがみていたらしい。ある時、「Mだけ返して、お願い。Mがいないと不便なのよ」と、母が正直にもらした。

その後、高校進学を機に、Mちゃんと妹は母に引き取られた。ふたりが家に帰ることを望み、母も生活保護を受けて暮らしていくことを承諾したからだ。

久しぶりに電話してきたMちゃんを児相に呼んで、私たちは何時間も語り合った。こんなにMちゃんと話したのははじめてだった。Mちゃんの「相談」は、家を出てひとり暮らしがしたいということだった。私も、いつまでもMちゃんに依存する母から、彼女をなんとか独立させたいと思った。

「私はどんな子どもだったの?」

「そうねぇ、子ども時代を失くした子かな」と言うと、Mちゃんは黙っていた。「とってもかしこい子だったよ」というと、ひと言「そう」と言った。

「電気はね、すぐ止まるんだよ。それから少ししてガス。最後は水道」とMちゃんが話してくれた。その水道局の集金の人に、Mちゃんと妹は、「おじさん、止めないでください」と、正座して両手を合わせて泣いて頼んだという。水道局の人は驚いて、すぐ児相に通告し、即日、一時保護になったのだ。

「あの時、児相が保護したこと、恨んでる?」

「保護も施設もいやだった。ママを待ってたかった。助けてなんかほしくなかったよ」。

「また来るから」とMちゃんは帰っていった。

翌日、母から電話があった。「てめぇ、この野郎ぶっ殺すぞ。ひとり暮らし、そそのかしやがって。火ぃつけてやっからな…」。数年前とまったく変わらぬ母の怒声。最初に相手をビビらせて、自分を優位に立たせたい母の作戦なのだろう。しばらく怒鳴っていたと思ったら、妹が家出して帰らない、どうしたらいいのと大泣きした。

相変わらず、母は子どものように幼なかった…。「ママを待ってたかった。助けてなんかほしくなかったよ」とMちゃんが言ったことを思い出すと、せつなくなった。


（2015年10月）

注1　映画「誰も知らない」（2004年、日本、監督：是枝裕和《これえだひろかず》、141分）。巣鴨子ども置き去り事件（1988年）を題材として、是枝監督が15年かけて映像化した作品。まだネグレクトという言葉が知られていない時代に、育児放棄された子どもたちが生きる姿を映し世間に衝撃を与えた。

29 思い描いてたのとちがう

毎年、11月は「児童虐待防止推進月間」だ。街頭で配るチラシや啓発グッズを袋詰めしていると、みんな忙しいのに手伝ってくれる。家族の〝闇〟にかかわる児相の仕事は、終点がない長いトンネルのようなもので、単純な手作業の達成感が恋しいのかもしれない。

夏の終わり。新任の児童福祉司が「児相をやめたい」と言い出した。春に初任者研修を終え、梅雨時に担当ケースを持って仕事をはじめるのだが、夏休みが終わる頃、多くの新人さんが壁にぶつかるようだ。

2、3年で別の職場に異動する職員が多い児相で、私は十数年働いている。そのため新人の指導係のようなこともする。指導というより、「やめたい」と言い出す新人をなんとかつなぎとめる役割かもしれない。というのも、年度途中で誰かがやめたとして、人員が補充されることはほとんどない。少ない人数のまま、担当するケースがほかの福祉司に割りふられ、みんなの忙しさが増していく。そのつらさをみんな知っているだけに、私への暗黙の重圧がのしかかってくるような気がする。

「思い描いてたのとちがうんです」

（いったいどんなふうに思い描いてたの？）とため息をつきたくなるのをこらえ、やめたいと言い出した新人の彼女から話を聞いた。

「もう耐えられないんです。児相はもっと子どもの話をちゃんと聞いてあげるところだと思ってました。次から次へとケース対応に追われて、どんどん仕事がたまるばかりで、自分の力量不足のせいじゃないかって、劣等感ばかり感じてしまって…」。

厚生労働省は、今、児童福祉司の国家資格化を検討しているそうだ。「高い専門知識や技術を身につける必要がある」からだという。目の前で「やめたい…」と泣いているこの若い彼女は、国家資格である社会福祉士と精神保健福祉士（注1／56頁参照）を持っている。そんな彼女からすると、児相は自分の資格や思いを生かせない職場なのだろうか。

「青山さん、指導係なのに、私を守ってくれませんでしたよね。担当を替えてほしいって言ったのに、替えてくれなかったですよね」そう言って、彼女は大声で泣き出した。（職場で泣かないでよね…）内心うんざりしながら、その気持ちが顔に出ていないことを願いつつ、彼女が話し出すのを待つ。

「私、あの母親、苦手なんです。あの子の援助交際なんて自傷行為みたいなもんですよ。あの子の気持ちがよくわかるんです。あの子の性的な傷つきを理解してあげなきゃいけないんです。それを汚いとか、男癖がわるいとか言って、娘ばっかり責めて、自分は母親から虐待されたとか、妹と差別されて苦しんできたとか、そんな昔の話ばかりして、今のあの子のことなんかちっともわかってやろうとしないクソ親ですよ。死ねばいいのにって思いますよ」。

以前、彼女は、自分が高校時代に痴漢にあった時の恐怖を思い出してつらいから、担当を替えてほしいと言った。この仕事をしていると、突然、自分の境遇と重ね合わせて、思い出したくない過去が覚醒することがある。それに、子どもの性的被害や母子関係不調のケースは、児相にいて避けて通れないし、そのたびにいちいち担当を替えていたらキリがない。なにより、担当を替えたら彼女が仕事に自信をなくすんじゃないかと思った。だから面会時にベテランの福祉司に同席してもらったりして、周りでサポートしながらやっていけるんじゃないかと考えたのだった。

彼女は泣きながら話し続けた。児相の会議のしかたがおかしい。自分が提案した援助方針を、重箱の隅をつつくようにけなす管理職が許せない。私がやめざるをえないのは、全部、児相が悪いからだ…。

話を聞いているうちに、私はどんどん気分が悪くなっていった。親に怒鳴られたり、子どもにののしられたり、施設の職員に不満をぶつけられたり、悪意にさらされることはしょっちゅうだ。だが、半年近く一緒に仕事をしてきた同僚から、なぜ、児相が悪いと一方的に責められなければならないのか。なぜ、いきなり感情を爆発させるように、被害者的になるのか。あなたがやめたら、あなたの仕事を割りふられて、同僚だった人たちが今以上にしんどくなるのは想像できないの？　思いはいろいろかけめぐるが、言葉が出てこない。「今日はもうこれくらいにして、また明日話そうね」というのがやっとだった。

現場の感覚とかけ離れた「高い専門的知識や技術を有する国家資格」が、私たちをますます長いトンネルの中に閉じ込めてしまうような気がした。

（2015年12月）

注1　社会福祉士と精神保健福祉士　ソーシャルワーカーの国家資格。社会福祉士は、高齢者、障害者、子ども、地域などすべての領域を対象として相談援助をおこなうが、精神保健福祉士は、統合失調症や認知症、発達障害等、疾病や障害を持つ人の相談援助をおこなう。

30 条件つきの親子

「こんな夜遅くに来られて迷惑です。私がDに出ていけと言ったのは、私が与えた日課を怠けたからです。怠け者は必要ありませんから」。

「言うことを聞かない子どもは要らない」と繰り返す母の話を聞きながら、途中からメモを取る気もしなくなり、一緒に家庭訪問した同僚に(もう帰ろう)と目配せした。夜の9時を過ぎていた。結局、母はDくんを「返してくれ」とはひと言も言わなかった。

中学1年生のDくんを一時保護した夜からまる2日、母とはまったく連絡が取れなかった。児相に連絡もなく、何回も家庭訪問して、手紙を郵便受けに何通も入れて、ようやく母から電話があった。「私はすごく忙しいんです。残業しなければ派遣を切られる母子家庭のきびしさがあなたたちにわかりますか。子どものために児相に行く時間なんてありません」と言うから、しかたなく夜遅くに家庭訪問したのだ。

翌朝、職場のアドレスに母から長い長いメールが届いていた。

「Dの母です。昨夜は、遅くまで当方の思いを一切聞き入れようとしない話し合いで、とても疲労しました。母子家庭で生活が苦しく、子どもを守るため懸命に生きている母親に対して、ずいぶん無神経な言葉で侮辱し、特権をふりかざす役人たちだと腹立たしい思いで満たされ、眠れませんでした…」。

ある夜、Dくんは母に「追い出された」と、近所の卓球クラブに現れた。冬の寒空にTシャツ1枚で、裸足だったという。卓球好きの年配の夫婦が運営するそのクラブに、Dくんは小学校の頃から毎週通っていて、母の帰宅が遅い時は、クラブで宿題をして、晩ごはんも食べさせてもらって、いつも「最後まで帰らない子」だったらしい。

卓球クラブから連絡を受け、児相がDくんを一時保護することになった。夫婦はずいぶん前から、試合の勝敗や大会での順位や、学校の成績のことでDくんを怒鳴っている母の「尋常じゃないきびしさ」を見て、Dくんのことを心配していたそうだ。通知表は「4」以上じゃないとだめで、「3」があると母から何時間も正座させられ、問い詰められると話していたらしい。

訪問した時、壁に貼り紙があった。①卓球の練習をすること、ラケットの素振りを毎日30分。②漢字検定3級合格を達成するため、確認テストを毎日おこなうこと。③英語の日記を毎日3行書くこと。そのほかに就寝時間など細かい規則がびっしり書かれていた。母は、毎日、Dくんにかなり負荷をかけていたようだ。「心理的虐待」としてDくんを保護した。

母は一時保護中のDくんと面会しようとしなかった。「Dはもう要りません。Dのことはおたくらで考えてください。私は関係ありませんから」と言った。Dくんも「あの人とはもう暮らせません」と母を拒否した。関係を修復することは、今は困難と判断してDくんを児童養護施設に入所させることになった。

Dくんは表情の変化に乏しい子だった。視線を合わそうとせず、ずっと下を向いて、ぼそっとしゃべる。こちらの質問には答えるが、Dくんからはなにも言わない。私が黙っていると、Dくんもいつまでもうつむいたままだった。

児相の精神科医（注1）は、Dくんを「愛着障害」と診断した。「母を求めているが、それが満たされず、Dくんの心の中に自責と怒り、無力感が入り混じってたまっている。一見、おとなしそうに見えても、Dくんの攻撃性が衝動的行動としてあらぬ方向に向かうことがある」と言った。Dくんは施設でうまくやっていけるのだろうか…。

父と母は、Dくんが6歳の時に離婚。その同じ年に、Dくんの母方祖父（母の父）が自殺。母は、祖父をとても尊敬していたのでショックを受けたらしい。その頃から、母は「イライラして怒鳴るようになった」とDくんが教えてくれた。

母子で暮らすようになり、母は、仕事で帰りが遅くなるので、卓球クラブの夫婦にDくんのことを頼みにいったのだそうだ。Dくんが、ひとりでうちにいたらさみしがると考えたのだろう。それは条件つきの愛情ではなかったはずだ。

「決められたことをやり遂げて当たり前。Dは、できないのではなくやらないのです。やるべきことをやらないと、その代償は自分が背負うことになるのです」。

ゼロか100か、それ以外は受け入れないなんて極端な偏りだ。そこまで母を追いつめたものはなんだったのだろう。「出ていけ」と言ったら「出ていってしまった」Dくんのことを、母はどう受け止めていいのかわからないのかもしれない。


（2016年4月）

注1　**医師の配置**　児童福祉法等の一部改正により、児童相談所に、児童精神科等の医師の配置を義務化した。

解説

③

子ども虐待への支援はどうすればよいのでしょうか？

川松 亮

1．体罰と虐待

子どもに虐待等の不適切な行為をおこなう保護者のほとんどは、その行為を「しつけ」の名目でおこなっており、子どものために必要なことと考えている場合すらあります。しかしそのもたらす結果は、子どもにとってつらいものであり、場合によっては生命や人生をも左右することになります。そこで、「虐待」かどうかということは、保護者の意図によって判断するのではなく、絶えず子どもの立場から検討し、子どもにとって不利益なことや子どもが嫌だと思うことは、不適切な行為と考えるべきです。体罰はその最たるものであり、仮に保護者が子どものためという意図を持っていたとしても、不適切な行為です。

体罰に関しては、それを禁止する法律を2018年4月時点で53の国が持っているとされています（子どもすこやかサポートネット「体罰禁止法の効果」から）。1979年にはスウェーデンで、子どもに対するあらゆる形態の体罰と屈辱的取り扱いが禁止されました。そのことによって同国では、体罰に肯定的な態度や体罰の使用の比率が大きく減っています（前掲資料）。他の国においても同様の傾向が見られ、体罰禁止の法整備の重要性が指摘されてきました。

我が国においては、2019年6月の児童虐待防止法改正で第14条が改正され、「児童の親権を行う者は、児童のしつけに際して、体罰を加えることその他民法（中略）の規定による監護及び教育に必要な範囲を超える行為により当該児童を懲戒してはならず」とされました（傍点筆者）。このように体罰禁止を法律に明記したことは重要です。ただ、懲戒権の規定がまだ残っており、しつけを名目とした虐待の口実となる可能性があるため、今後は懲戒権の削除の検討も求められています。

　こうして法整備がされたとはいえ、ただ「たたいてはいけない」「怒鳴ってはいけない」と保護者に伝えても、それでは子どもにどういう対応をすればよいのかと戸惑う保護者も多いものです。「たたかない」「怒鳴らない」で子どもと向き合う方法を、併せて周知して、その練習をする機会も設ける必要があります。いくつかの自治体では、保護者が適切な養育方法を身に着けるための講習やプログラム（ペアレントトレーニングやポジティブディシプリンなどの名称で取り組まれています）などがおこなわれており、行政と民間団体が協働しながら、こうした取り組みを広げていくことが必要となっています。

2. 虐待が子どもに及ぼす影響

　虐待等の不適切な養育は子どもに対してさまざまな影響を及ぼします。その態様は、傷やあざ、体重減少などの身体的な影響であったり、養育環境的に学習機会に恵まれないために学力が不足したり、知的発達面に及ぼす影響があげられます。それらに加えて、なかなかとらえにくいけれど深刻なのが情緒的・心理的な影響です。情緒的・心理的な影響は多岐にわたりますが、以下にいくつかの例をあげてみましょう。

　例えば、特定の養育者との安定した愛着に基づく応答関係が形成されてこなかったために、対人関係を安定して結べなかったり、人とのコミュニケーションがうまくとれなかったりする場合があります。近年は「愛着障がい」といった言葉で説明されることも多くなりました。特定の大人との信頼関係の形成が子どもの精神的な安定にとって大切であることが重要視されています。

あるいは、多動傾向が見られたり、粗暴性や感情コントロールの苦手さが見られることもあります。これは、家庭内での暴力的な養育のために過度に緊張し、過敏になっていたり、もめ事を暴力で解決することを学習してしまった結果によると考えられます。その結果、保育園や学校・地域などで対人的なトラブルを生じてしまうことがあります。

より深刻な場合には、不安感にとらわれたり、フラッシュバックによるパニック症状を起こしたり、ボーとしているような解離症状が現れることもあります。こうした精神症状は成人した後にも長く残り、将来にわたって苦しむこともあります。

とりわけ性的な虐待を受けた場合、心理的に不安定になることが多いだけでなく、男女間の距離の取り方が近くなるために再被害を招いたり、自分を傷つける行為が見られたりすることもあります。その影響の大きさから、できるだけ早く発見して救出することが必要です。しかし、他人に言ってはいけないことと思いこまされていたり、普通のことだと誤解していたりして、なかなか相談につながらないのが特徴です。性的虐待への支援では、はじめに子どもから告知を受けた大人が冷静に話を聴き、責めるような口調を避け、起こったことだけを聴きとって迅速に専門の相談機関につなげることが大切となります。その際に、子どもに根掘り葉掘り聴き過ぎず、誘導質問になるような聴き方を避けて、子どもが自由に回答できるオープンな質問を心がけることも大切とされています。

3. 子どもと保護者への早期からのケアを

虐待によって情緒的・心理的な影響を受けた子どもには適切なケアが必要です。早い段階で発見して支援につなげ、継続したケアがおこなわれなければ、やがて精神症状が現れたり、反社会的な行動（非行）や非社会的行動（不登校やひきこもりなど）につながってしまうこともあります。児童相談所で非行の事例に対応していると、子どもがこのような行動をとるのは無理もないなと思わせられることが多いものです。加害の側になってしまっている子どもであっても、それまでの長い間、保護者に振り向いてもらえなかったり、大人からの適切な応答を得られなかったり、虐待を受けてきたりしているのです。その子たちが抱える満たされない思いに気づいてもらえることは少なかったと思われます。問題行動として表出している子どもたちの苦しみに寄り添って、育て直しの支援をすることも求められることになります。

虐待によって受けた傷の回復をはかるために、子どもが受けている心理的な影響を正確にアセスメントして、子どもの気持ちを丁寧に聴き取りながら、心理的な支援をおこなっていくことが必要です。

また、子どもが安全安心に養育されるためには、保護者の養育姿勢を改善するための働きかけも重要です。この場合、保護者を責めるのが目的ではなく、子どもの成長発達をうながすことができるような養育行動に変えていくため、支援者と一緒に考えて、養育の改善に取り組むことが求められるのです。

さらにはその前提として、保護者の養育が安定しておこなえるような生活基盤の整理（経済的問題や就労問題・住居の問題などを含む）や保護者の精神的な安定をはかるための医療支援なども必要となります。保護者の生活が安定しなければ、子どもに適切に対応するゆとりを持つことができないからです。生活基盤を安定させるための支援をおこなった上ではじめて、ペアレントトレーニングのような取り組みも有効となるのです。

こうした取り組みを早期におこなうためにも、子どもと家族を取り巻く人々が、子育ての困難に早く気づいて、支援につなげ合うことがなによりも重要となります。

4 子どものしあわせって

31
怒りのゆくえ

腹が立ってしょうがなかった。

「帰れ!」と怒鳴りつけてやりたかった。私は、相当、頭に血がのぼっていた。強い口調でその男に「帰りなさい」と言ったのは覚えているが…。

その男は、家出をして夜中に公園にいるところを警察に補導され一時保護となった中学2年生の女の子、Iちゃんと面会したいと児相の窓口にやってきた。Iちゃんには会わせられないと応対した私に、どんな法的根拠があって面会を断るのか、児童福祉法の、憲法の、どの条文にそんなことが書かれているのか示してみろ、と強気の態度だった。

Iちゃんが一時保護となった時、着替えにつき添った女性職員が、Iちゃんの胸にキスマークがついているのを見つけた。「これ、どうしたの?」と聞くと、Iちゃんは、その男とホテルに行った時のものだと自慢げに語ったそうだ。「私たち、つきあってるから」

とIちゃんは答えたらしい。

こいつか、その男は！　名前、住所、生年月日を聞いたらすらすらと答える。33歳。髪を金髪に染め、耳にはピアスをいっぱいつけていた。有限会社○○造園、営業課長。もっともらしい名刺を出し、地元の県会議員とも「知り合いなんでね」とにやついた。Iちゃんは、駅前のボーリング場でこの男に声をかけられたらしい。男はいつも夕方からボーリングをしているという。Iちゃんはお母さんとケンカした時、ボーリング場に逃げてきて、男にご飯を食べさせてもらっていたようだ。

いい大人が中学生に、許せない！　そう思ったら男をにらみつけていた。そんな私を見かねて、若い職員がまあまあととりなし、「今日のところはお帰りください」と落ち着いた態度で接していた。怒りをおさえられず、いらだつ私の雰囲気を察してか、男は「この人は無礼だけど、若いあなたの方が話がわかるよ」と言って私を無視し、その職員と世間話をはじめ、「じゃ帰るよ」と席を立った。帰り際、私に向かって「あんたなんか、いつでもやめさせてやるからな」と薄ら笑いしながら言った。

男は翌日、県庁の苦情窓口に出向いて、私の対応がけしからんとクレームをつけたらしく、担当者から「接遇に留意するように」と連絡があった。なにが接遇だ。あの男は犯罪者じゃないか！　とますます腹が立って警察に相談したが、警察は男を逮捕することに消極的だった。「確かに、健全育成条例に違反するようなわいせつな行為を女の子にしてるかもしれませんが、女の子は14歳になってますし、その男と将来結婚したいと言ってましたし、援助交際ってわけでもないですし、それに女の子の供述にも曖昧なところがありましたしねぇ。13歳以下だったら、事件化してもいいんですけどねぇ」と言う。

Iちゃんの父は、年収1000万以上もある会社員。母は高齢者をサポートする団体の理事だった。夫婦仲は悪く、もう何年も口をきかない状態で、会話もメールか台所の伝言板ですませていた。家出を繰り返していたIちゃんは、「あの人たち、関係サイアク。あんな暗いうちに帰ったって、楽しくないじゃん」と言っていた。

Iちゃんは学校にも居場所がなかった。「勉強、わかんないし」と言うIちゃんのIQは低く、療育手帳が取得できる数字であることもわかった。さらに、精神科医と児童心理司は、「知的な課題だけじゃなくて、統合失調を発症している可能性がある。記憶が時々飛んでいて、かい離がある」と言う。つきあっている男性も数人いて、誰とどういう関係なのか、Iちゃんはうまく説明できないようだった。

児相としては、このまま返しても家出を繰り返すことを懸念して、「Iちゃんを中学卒業まで施設で預かり、特別支援学級に通わせては…」と両親を説得してみたが、「娘が児相のお世話になるなんて世間体が…」と、話を聞こうともしない。「Iちゃんを精神科に通わせては。紹介状書きますから」と言うと、「娘のアタマがおかしいって言うんですか！」と母は私に食ってかかった。「Iちゃんを児相に通所させて、様子を見させてほしい。男の動きも心配だから」と言っても、「もう、ほうっておいてください」と拒否された。

両親と保護所を出ていくIちゃんを見送りながら、Iちゃんにこれ以上かかわれないんだなと思ったらむなしくなった。あの金髪の30男からIちゃんを守りたい、と考えた私の怒りが、なにかひとりよがりだったように感じた。

Iちゃんが「保護所のごはんっておいしいね」と笑っていたのが忘れられない。ちゃんとうちでごはん食べてるかな、今でも気になってしかたない。

（２０１６年６月）

32 — 不登校相談

児相が受ける相談の中でも、解決の方向がなかなか見いだせないのが「不登校」だ。4年も5年も相談が続き、担当が異動しても、次々に引き継がれているケースが多い。

Aちゃんは、私が担当になった時には高校1年生。ショートカットできりっとした目が印象的な賢そうな女の子だった。小学5年の時、母に連れられはじめて児相に来て、担当は私で3人目。サポート校という、通信制高校を卒業するための補習授業をするところに通っていたが、親も本人も学校になじめないことにずっと悩んでいた。月に1、2回来ることもあれば、2ヵ月くらい連絡もないこともあったが、結局、18歳の誕生日まで相談は続いた。

Aちゃんは、地元の大地主の孫で、りっぱな長屋門を入った庭には大きなケヤキが何本も植わっていた。広い敷地に祖父母が暮らす母屋と、Aちゃんたち家族が暮らす別棟が建っていた。父の仕事は「不動産管理」ということだったが、私も含めて代々の担当は誰も父に会ったことがなかった。「パパはいつも部屋にこもっていて、夜になると毎日、近所のなじみのスナックに出かけて深夜に帰ってくるみたい」。

Aちゃんとの話の中で、父のことはほとんど話題にならず、いつも母を責めるようなことばかりしゃべっていた。「ママはいつもキーキーわめいていて、なんでこれができないの！　バカなんじゃないの？　子は宝なんてうそよ！　デブでちびで最悪な体型ね！　って、ずっと言われていたよ」。

「ナージャはね、お母さんを探しに旅に出る話なんだよ」。

小学校2年生の時、日曜朝に放送されていた「明日のナージャ」（2003年2月〜2004年1月にテレビ朝日系列で放送）というテレビアニメのことをよく私に話してくれた。生き別れた母を探して旅する少女の物語。Aちゃんは「ナージャを見ながらひとりで泣いていた」と言う。

小学校5年の時、朝会で嘔吐《おうと》してしまった。泣いて帰宅すると、母に「掃除する人がたいへんね」と言われ、「嘔吐したらどうしようと不安で、それから学校に行けなくなった」と言う。

Aちゃんの手首には、リストカットのあとがあった。中学になっても教室になじめず、いじめられたわけではないけれど、教室の雰囲気が自分を拒否しているような気がして、学校に行くのをやめた。学校に行けなくなった自分の気持ちをうまく説明できず、「誰もわかってくれない」と思うと、朝、起きられなかった。母は次の日も、そのまた次の日も、泣きじゃくるAちゃんをベッドから引きずりだして車で学校まで連れていった。

学校に行っても、教室には入れなかった。保健室で1時間寝て、家に帰ってきた時、「なんでママが送ったのに、なにもできないで帰ってくるのよ！」と母は怒鳴った。部屋でうずくまり、なにもできない私を許してほしい…と、Aちゃんはこの時はじめてリストカットをした。最初はかすり傷程度の浅い傷だったのが、次第に、もっと深く切りたい、もっと痛くしたいと、一度に20回も30回も腕に傷をつけるようになった。

「しばらく、学校を休ませて見守ってあげましょう」。

これまで担当した誰もが母に言ってきた。

「でも、なんとか学校に行ってほしい」と母は繰り返した。

「夫からも夫の親からも、私は高校中退だとバカにされて。この子を大学まで行かせて、見返してやりたいんです」。

「その囚《とら》われが、Aちゃんを苦しめてるんですよ」と言っても、「娘を大学に行かせたい」と、話はかみ合わなかった。

Aちゃんはサポート校を経て、他県の女子大に入学した。自宅を離れ、学生寮で暮らしているらしい。家を出るという選択は、私もずっと勧めてきたこと。Aちゃんの不登校問題の解決策は、それしか見いだせなかった。

「今ね、キャバクラでバイトしてんだよ」。

久しぶりのAちゃんからの電話に私はびっくりした。

「ハハハッ、キャバクラったってボーイだよ。飲み物とか運ぶの。私なんか、キャバ嬢なんてできこっないよ。『お客様、女の子が嫌がっていますので、おさわりはご遠慮願います』って言いにいくの。おじさんたちが私の言うことをきくんだよ。でも、大学の授業には出られないんだ」と言った。

それから少しして、Aちゃんが手紙をくれた。

「どうしたら今の状況を乗り越えられるのか。どうしたら私は強くなるのか。どこから手をつけたらいいかわからないほど、私は私をこじらせてしまった」と書いてあった。

今も悩み続けるAちゃんに、「あなたは悪くないよ」と言い続けてあげたいと思った。


（2016年8月）

33 不法滞在の子どもへの支援

家庭訪問を終えて商店街を歩いていると、見覚えのある女の子の顔。Sちゃんだ！　まちがいない！　と思ったら、大通りからタクシーに乗ってどこかに行ってしまった。

児相に戻って同僚たちに話すと、「見間違いじゃないの？　Sちゃんは去年、本国に帰っておばあちゃん（母方祖母）と暮らしてるはずじゃ」。「いや、確かにSちゃんだった！母親らしい人と手をつないで」と私が言うと、「日本に戻ってるんだ！」と同僚たちが声をあげた。

みなSちゃんのケースはよく覚えていた。私が前任から引き継いで担当した時には、Sちゃんの本国帰国が決まっていて、本国の大使館員とSちゃんのいた乳児院の職員が飛行機でおばあちゃんに送り届けた、はずだった。

Sちゃんは生後3ヵ月の時、ビジネスホテルに置き去りにされた。朝、外国人らしき女性がフロントを通るのを従業員が目撃している。赤ちゃんが泣いていると隣室の客からフロントに連絡があり、従業員が部屋の鍵を開けてベッドで泣いていたSちゃんを発見。警察からの通告によって児相が乳児院に保護したのだった。

残された荷物の中に母子手帳があり、Sちゃんと母親の名前や国籍がわかった。大使館に問い合わせると、母親は観光ビザで入国して不法滞在者になっており、Sちゃんの国籍申請もされていなかった。母子手帳の父親欄は空白だったが、Sちゃんが生まれた産院では、「ママと同じ国の男性がよく見舞いに来て、出産費用もその男性が払ったのでパパだと思っていた」と言ったが、名前はわからなかった。

前任者が大使館にSちゃんの国籍取得の交渉をしたが、母親がパスポートを持って申請に来なければ国籍は認められないと言う。Sちゃんは無国籍のまま、乳児院で過ごすこととなった。

こうした場合、児相としては、入国管理局にSちゃんの在留資格取得を求め、その後、日本国籍の取得（いわゆる帰化申請）手続きをしていくことになる。

母子手帳を見ると、母は妊婦健診もちゃんと受けており、出産準備を整えていたようだった。当時、児相内ではSちゃんを本国に帰すことに反対意見も多く、まずは母親を探して、親族の支援が得られないか探ろうということになった。しかし、行方不明の母親の手がかりはなにもなかった。

Sちゃんが暮らす乳児院を運営する宗教系の社会福祉法人は、Sちゃんの国でも社会的な児童養護活動をしていた。そのネットワークで日本の支援団体とSちゃんの国の支援団体とが連絡を取り合い、1年がかりでSちゃんのおばあちゃんが見つかった。民間団体の力ってほんとうにすごいなと思う。おばあちゃんがSちゃんを引き取る意向があると確認できたので、本国でSちゃんのパスポートが申請され、Sちゃんは帰国できたのだった。

乳児院の玄関で見送った私に、Sちゃんは笑顔で「バイバイ」と言った。これからどこに行くのかわかっていないはずだが、Sちゃんは上機嫌で、乳児院の職員さんたちと「よかったね」と送り出した。1年前のことだ。

今、Sちゃんは3歳になっているはず。なぜ日本に？　そう思うと気になって、入国管理局や大使館に問い合わせたが、Sちゃんの入国記録はなかった。日本国内のことなら、おばあちゃんの住む地域の児相を通して今の様子を確認できるのだが、国を越えてやりとりするしくみはまだない。

「Sちゃんは偽造パスポートで入国し、母親とこの町で暮らしてるんじゃないか」というのが同僚たちの推理だった。商店街で見かけたSちゃんは、きれいな身なりはしていたし、やせ細っているふうでもなかった。ママが育ててくれてるのかな？　でも偽造パスポートで再入国してまで一緒に暮らしたいと思ったのなら、あの時、置き去りにしたSちゃんを必死で探していたのかもしれない…。そう思うと、本国にSちゃんを帰したことがよかったのか、と私も考えてしまう。

いや、それでもSちゃんの国の国籍を取ることが彼女の最善の利益につながると考えたことは間違っていなかったと思う。「児童は、出生の時から氏名を有する権利及び国籍を取得する権利を有するものとし、また、できる限りその父母を知りかつその父母によって養育される権利を有する」（児童の権利に関する条約第7条）のだから。

考え込んでいる私に、同僚が、「Sちゃんが元気でいるなら、それでよかったと思おうよ」と言ってくれた。

（2016年10月）

34 ふたごのふたり

ふたご用のベビーカーにふたりのそっくりな赤ちゃんを見かけると、道ゆく人は「まあ、かわいい」と声をかける。でも、連日の夜泣きでボロボロの母は、そう言われるたびに「知らないくせに」と舌打ちしたくなったという。「一度に育って楽ね」と無責任に言う人もいるけれど、ふたごの育児は2倍どころか3倍にも4倍にもたいへんに感じた、と私が担当した母は言った。

「どうしてもこの子をかわいく思えない…」と母は訴えた。

もうすぐ2歳になるふたごの女の子は、そっくりな顔で、私には違いがわからないのだけれど、「姉のYはかわいいけど、妹のAは憎らしい」と母は言うのだ。父はおとなしく実直そうな人で、長距離トラックの運転手をしていた。週に3日は家を空け、育児、家事はすべて母任せ。朝方に帰って、黙ってごはんを食べたら翌朝まで寝ている、という生活だった。2DKのアパートの一室で父が寝て、もうひと部屋が母と子の（母曰《いわ》く）「戦場」だった。

母は懸命だった。布おむつと母乳にこだわり、離乳食は栄養を計算して手づくりしていた。ふたごの子育てのたいへんさを誰にも相談できないまま、ある日、Aちゃんの頭をおさえて風呂に沈めてしまった。はっとして、悩んだ末に児相に電話してきたのだった。

「このままでは、私はこの子を殺してしまうかもしれない…」。

母の話を聞いて、妹のAちゃんを預かり、乳児院に入れた。それから何度も母を連れて乳児院に面会に行ったが、母はAちゃんを引き取りたいとは言わなかった。

「養子には出したくないけれど、どこかしあわせなご家庭で育ててもらえないでしょうか」。

2歳になる頃、Aちゃんは乳児院を出て、養育里親さん宅で暮らすようになった。

里親さん宅で、Aちゃんは極端に水をこわがった。洗面所もダメ、お風呂には入りたがらなかった。母は、私には1回だけと言ったが、何度もAちゃんを風呂に沈めていたのかもしれない。地味で、誠実そうな母の顔を思い浮かべた。

3歳になるまで、里親さん夫婦は毎日朝晩、タオルでAちゃんの身体をきれいに拭いた。Aちゃんがはじめてお風呂に入れた日、里母さんは大喜びで児相に電話をくれた。お風呂から上がったAちゃんをバスタオルにくるんだ時、里母さんはうれしくて涙が止まらなくて、それを見てAちゃんも泣きだして、里父さんと3人で抱き合って大声で泣いたのだそうだ。

その後、私は別の地域の児相に異動となり、Aちゃんとも母とも会うことはなくなったが、引き継いだ担当から時々、様子を聞いている。父母は離婚し、母が姉のYちゃんの親権を取って母子で暮らしている。母はYちゃんを保育園に預けて、昼間はソープランドで働いているという。

その展開も、一所懸命な母らしいなと思った。将来に不安を感じ、お金を貯めなきゃと、高額時給のその仕事を選んだのだろう。

母は、Yちゃんのことを今でも児相に相談している。小学校に入ってYちゃんはADHD（注意欠如・多動性障害）と診断された。知能検査では高い値が出るのだが、落ち着きのなさと、思ったことをなんでもすぐ声に出す傾向があり、ひとたび興奮のスイッチが入ると、教室中をぐるぐる歩きまわって、おしゃべりが止まらなくなる。今は学校を休むことが多くなっているという。

Aちゃんにはそういう傾向はないようだ。学校にも楽しそうに通っていて勉強もよくできる。近所の神社で太鼓を習っていて、祭りの日に上手に太鼓を打つ姿がローカルテレビの放送で流れたこともあるという。

児相で相談を受けていると、「かわいく思えない」「育てにくい」という悩みを聞くことがよくある。「Aは育てにくい子だ」と母は言っていた。赤ちゃんの時のことだからよくわからないが、Yちゃんとの違いはどこにあったのだろう。手のかかるふたごでなければ、母はそこまで追い込まれることはなかったのだろうか…。

Aちゃんは、里親からふたごの姉がいることを聞いており、Yちゃんも母からAちゃんの存在を聞いて、お互いがふたごであることを意識しているという。Yちゃんは気性が激しいところがあり、キレると家の中で手がつけられないくらい暴れるらしい。そして「どうしてふたごなんだよぉ、どうしてひとりで生んでくれなかったんだよぉ」と泣き叫ぶのだそうだ。ひとり手元に残したYちゃんの言葉を、母はどんな気持ちで聞いているのだろう。そう思うとせつない。


（2016年12月）

35
ほんとはこわいんです

私が担当するAくんのお母さんが、〝親子再統合〟（注1）を目前にして、行方不明になってしまった。Aくんを児童養護施設に措置したのは、彼が中学1年の時のこと。お母さんはずっと「Aを返せ！」と言い、彼も家に戻りたいと言うので、高校進学を機に、施設から自宅に戻すことをめざしていた矢先だった。

〝親子再統合〟って、ずいぶん大げさな表現だけど、平たく言うと、離れた親子が再び一緒に暮らせるようになること。え？　と思われるかもしれないけど、児相では子どもを保護（親子分離）する一方で、親子関係の修復をめざした支援もずっと続けている。

私が児童福祉司になった時、指導してくれた先輩の児童福祉司が「児相は親子の〝再統合〟を目標にしてるんだ」と熱く語っていたのを思い出す。子どもの虐待死が続く中で、「児相はなぜもっと早く子どもを保護しないのか！」と、親子分離だけが児相の仕事のように世間から言われることに、所内ではものすごい反発があった。しかし、虐待などで施設に措置された子どもの約15%しか家庭に戻れておらず、〝再統合〟はなかなか難しいのが現実だ。

Aくんは、ある日、お母さんに連れられて児相にやってきた。

「私の財布から1万円、この子が盗りました。遊戯王のカードを買ったようです。ほかにも、お友だちのおうちからアパートの管理費として用意してあった7500円が入った封筒を盗みました。この子が5歳の時に父親と離婚して、母子家庭でがんばってきましたが、もう限界です。昨日、この子を布団タタキでたたきました。背中を見てください。こんなにあざになっています。この子を育てていく自信がありません。施設に入れてください。このまま一緒に暮らしたら、この子を殺してしまうかもしれません」。

お母さんは、まるで芝居の長ゼリフを丸暗記したように一気にまくしたてた。そして、わぁっと大声で芝居のように泣いて見せた。Aくんは、そのそばでずっとうなだれていた。

そうやって子捨てのようにAくんを児相に置いていったのに、2週間ほどして、Aくんが施設の生活にも慣れ、転校した中学校にも元気に登校しだした頃、お母さんは「Aを返せ！」と怒鳴り込んでくるようになった。

「このごろあの子の夢ばかり見るんです。どうか返してください。私たちにもう一度チャンスをください」とすがるように言い、私が「まだ返すのは難しい」と言うと、「返せ！」と怒鳴り続けた。しかしそのあとで、「ごめんなさい。こないだは私、どうかしてたんです」と電話をかけてきたり、長い謝罪文を寄こしたりした。

施設にAくんを訪ねると、Aくんはいつも「うちに帰りたい」と涙をこぼした。「ぼくがつくった料理を、お母さんにほめてもらったことがある。将来、調理師になってお母さんを喜ばせたい」と言った。Aくんは、お母さんを求めていた。

施設内でお母さんとAくんを会わせ、月に1回程度の面会を重ねるところからはじめて、外出をしたり、週末には外泊して自宅で母子で過ごす時間をつくり、2年くらいかけて、Aくんとお母さんの様子を観察した上で〝親子再統合〟を決定した。

Aくんが施設から自宅に戻れるように、高校の受験準備を進めていた矢先のことだった。お母さんが行方不明になった。つきあっていた男性とどこかへ引っ越したらしい。住民票は動いていないので、探しようがなかった。

Aくんは、「やっぱりな…」と言って、案外さっぱりした表情だった。「うちに外泊した時、その男の人と会ったことある。児相にはぜったい言うな、児相に知られたら家に帰れないぞ、ってお母さんに口止めされてたんだ」。
ひと月くらいして、お母さんから電話があった。お母さんは、「あの子と一緒に住むの、ほんとはこわいんです」と語った。はじめてお母さんの正直な気持ちを聞けたような気がして、私はなんだかホッとしていた。〝再統合〟には至らなかったが、Aくんが今後自立できるような支援をめざしつつ、この親子の現実に即して、親子関係を再調整していければ、と思う。
〝再統合〟とは、必ずしも親子がひとつの家で一緒に暮らすことだけではないのかもしれない。できないことは助けを求め、支援を受けながら、それぞれの親子のあり方を、当事者たち自身が模索できるような関係が取り戻せれば…と願っている。

（2017年2月）

注1　親子分離、親子再統合　虐待等により、家庭での養育が困難であると判断した場合、親子分離によって子どもを里親に預けたり施設に入所させることができる。家庭での養育環境が整い、親子関係の改善・修復がなされたと認められた場合、家庭復帰による再統合がはかられる。近年は家庭復帰をしない場合も含めた親子関係再構築支援が取り組まれつつある。

36
親子分離

生後4ヵ月の赤ちゃんを、母のUさんの手から奪うようにして抱き抱え、車で乳児院に向かった。ずっと泣き続けるUさんの様子がせつなくて、私もずっと涙をこらえていた。

Uさんはまだ20歳。妊娠しても医者に行かず、母子手帳も受け取らないまま、破水して自分でタクシーに乗って県立病院に飛び込み出産したという。病院から連絡を受けた市役所の担当は、Uさんと話し合い、退院後は母子生活支援施設で赤ちゃんを育てるように手続きをした。Uさんも納得したはずだったのだが…施設の細かいルールや、ほかの母親たちとの人間関係のストレスに耐えられず、施設の職員が止めるのも聞かずに、結局、3週間で施設を飛び出した。

市役所から連絡を受けた保健師と母子自立支援員(注1)が、Uさんのアパートを訪ねた。Uさんは風俗店で働きながら、駅前の認可外保育園に生まれたばかりの赤ちゃんを預けていた。保育園に様子を確認すると、寝坊してミルクを与えず保育園に連れてきたことがあるという。周りに助けてくれる人もいない。このままでは赤ちゃんが危険なのでは、と判断した市役所からネグレクトの疑いで通告があり、児相がかかわることになった。

アパートを訪ねて「児相から来たんだけど、赤ちゃんの顔を見せてね」と言うと、Uさんは拒否することなく、私たちを室内に入れてくれた。古い木造2階建てのアパートの1階。6畳ひと間に小さな台所、トイレは共同で風呂なし。小さな座卓があるだけで家具らしいものはなかったが、ミルクや哺乳瓶、肌着や紙おむつなど、赤ちゃん用品はそろっているようだった。

「日あたり、いいね」と私が言うと、赤ちゃんを抱きながらUさんは「そうなんです」と笑って答えた。

「今はデリヘルで働いてるんです。朝10時から夜7時まで。時々、夜遅く指名が入ると延長保育を頼むこともあるけど。デリヘルの店長もスタッフもいい人ばっかりなので、ずっと今のお店で働きたいんです。私、風俗しかやったことないけど、一所懸命働いて、自分でこの子を育てたいんです」。

Uさんは定時制高校を中退したあと、年齢を偽って風俗店で働いた。店の客だった大学生と結婚の約束をして一緒に暮らしはじめたが、彼は振り込め詐欺で警察に捕まり、今は拘置所にいる。妊娠がわかったのは、彼が逮捕されたあとだった。「子どもの父親ですから」と、いつとも知れない彼の出所を待っているという。

Uさんの母親は、同じ市内に住んでいるが、「高校やめてから、家出同然なんで行き来してないんです。この子も会わせてないし」と言う。父親は酒乱で、酒を飲むと母親を殴る蹴るのDVを繰り返した。Uさんが小学3年生の時、母子でこの町に逃げてきた。生活保護を受けて暮らしてきたという。母親はうつがひどく、食事もつくれず、その頃から家事はぜんぶUさんがしてきた。

「たいへんだったねぇ」と私が言うと、「ええ、まあ、しかたないし」と、Uさんは照れたような複雑な表情をした。

関係者会議を開いて協議することになった。保健師も母子自立支援員も市役所の子育て支援課の職員も、口をそろえて「母の養育能力が低くて心配。赤ちゃんを保護すべき」と言った。乳児が死亡するケースは多い、事故や虐待死に至ったら児相はどう責任を取るのか、と。そしてどの機関も「この母子はもう支援しきれない」と言う。

思わず、「自分で育てたい、離れたくないと言ってるのに、親子分離はかわいそうじゃないですか。確かにUさんは若くて育児に関しても未熟かもしれない。助けてくれる祖母もいない。でも、なんとか関係機関が連携してこの母子を支援する方法はないんでしょうか」と発言したが、聞き入れてもらえなかった。児相内でも、関係機関が支援しきれないのであれば乳児院で預かるしかない、という結論になった。

Uさんは子どもを手放したくないと抵抗したが、結局、「強制的に保護することになりますよ」とねじ伏せるように納得させて、赤ちゃんを保護することになった。泣いているUさんから赤ちゃんを取り上げるのはつらかった。「子どもの命は守れた」かもしれない。でも、これでよかったのだろうか。児相も含め関係機関が、子どもを育てたいと願うUさんを支援する体制をつくれないだけじゃないか。そう考えると、悔しくてならない。

保護したあとも、Uさんは毎日のように乳児院に通って赤ちゃんと過ごしている。Uさんの子どもへの愛情をなんとか応援したい、と思う。

（2017年4月）

注1　母子自立支援員　以前は、母子相談員と呼ばれていたが、母親の精神的安定や職業能力の向上をはかる等、自立に必要な相談支援をおこなうことから、母子自立支援員に名称が改められた。都道府県、市、福祉事務所設置町村に配置されている。

37
さしあげます

市役所の子育て支援課が、「ゆずってください・さしあげます」ボードを設置していて、使わなくなったベビーベッドやチャイルドシートなどを、市民がやりとりするようになっている。そこに、「いらないので子どもさしあげます」と書いた紙が貼られていた。

「中学2年、男の子。ほしい人、あげます」と。

見た人たちが驚いて、ちょっとした騒ぎにもなって、結局、市役所が児相にネグレクトの疑いで通告してきた。携帯電話の番号が書かれていたのですぐに連絡し、紙を書いたお母さんに児相に来てもらった。30代後半のお母さんは「いらないから貼っただけなのに、犯人扱い、ひどいじゃないですか」と最初からケンカ腰。「学校にも行かずにゲームばっかり。ごはんも食べずにずっとゲームしてるんですよ。朝、起こしにいったら〝クソババァ〟って怒鳴って殴りかかってくるんです。もう、どうにかしてください。あんな子、どこかに連れていってもらえませんか。児相って、保護とかしてくれるんでしょ」。

私たちは、家庭訪問して、子ども（Nくん）に会うことにした。りっぱな門に煉瓦《れんが》塀、広い庭のある豪邸だった。Nくんの部屋に入れてもらった。Nくんは、おとなしくて礼儀正しい感じの子だった。「クラスの女の子からキモイって言われて、学校に行けなくなりました」とていねいな口調で話してくれた。「お母さんが学校に行けってモノを投げてくるから、やめてって怒鳴りました。もうお母さんとはケンカしませんから、ぼくを保護しないでください」。Nくんの部屋はアニメのグッズであふれ、キャラクターの女の子のフィギュアがきれいに棚に並べられていた。好きなものに囲まれたこの部屋から出られないのかなと思った。

お母さんは、それからたびたび児相を訪れ、相談室で怒鳴りちらした。「結局、あなたたちはなにもしてくれないじゃないですか。あんな子、保護してくれって親が言ってるのに。税金ドロボーだ。あなたたちが来てから、あの子はもっと不安定になりましたよ。昨日も机やベッドを壊して、部屋をめちゃくちゃにしたんですよ」。

Nくんとまた会わせてほしい、と言っても「あの子は、2度と会いたくない、って泣いてますよ。あなたたちがあの子を不安定にしたんです〝児相におれを売りやがって〟って叫んで、手がつけられなかったんですから。私に包丁を向けたんですよ。あの子に殺されちゃうか、私があの子を殺しちゃうかもしれない。そんなことになったら、どう責任取ってくれるんですか」。

「110番？　警察に電話できるわけないじゃないですか。主人は、大学教授なんですよ。うちは、兄も医者だし、父は裁判官でした。警察なんて、恥ずかしくてそんなことできません」。

こちらがなにを訊ねても答えず、一方的に怒鳴って、お母さんは帰っていく、そんなことが数度あって、ひと月が経った頃、私は大学教授のお父さんに電話した。事情を説明すると、お父さんは翌日、児相にやってきた。

「児相に来たことは妻に内緒にしてください。恥ずかしい話ですが、私が浮気をしたのがバレて別居しています。私は離婚したいのですが、妻が承知してくれません。もう、何ヵ月も息子とは会ってません。妻が会わせてくれないんです。妻にわからないように、なんとか、息子と会えるようにしてもらえないでしょうか。お願いします」。お父さんは、深々と頭をさげた。

児相はなにをすべきなのか、私にはよくわからなくなった。お母さんは口では「いらない」と言うが、Nくんの養育を放棄しているわけではない。包丁を持ち出したからといって、中学2年のNくんを職権で無理やり保護したところで、家庭内のゴタゴタが解決できるわけでもなく、なんの解決にもならないし。

私の職場には、児童福祉司20年の大ベテランが、退職後も再任用として働いている。彼女に言わせると、「お母さんは児相に不満をぶちまけに来ているんでしょ。それをずっとあなたたちが聞いてあげればいいじゃない。保護とか、措置とか、法的対応とか、今の児相はそんな権限ばかり発動しすぎてるんじゃないの？　相談者にふりまわされてもいいのよ。相談機関として、それが本来の姿なんだから」。

児相は不満のはけ口になっていればいい、相談者にふりまわされてもいい、と言われたのがちょっと笑えて、でもなるほどと思った。

とりあえず、お母さんは児相には来る意志があるようだし、Nくんの様子を聞きながら、この親子を見守るしかないのかなあ、と思った。ＳＯＳを出してくれたら、親子のそばにいられるように。


（２０１７年8月）

50の物語で考える
子ども虐待と児童相談所

38

妊娠させてしまうなんて

どこの児相にも、何年もかかわっていて、名前を聞けば職員みなが知っているという子がいるものだ。

Aちゃんもそうで、2歳の頃、お母さんが流産して入院したので乳児院で預かり、お母さんのうつがひどくなったので保健師と相談して市の保育課に保育所入所の意見書を出したり、小学校に入った頃、迷子になって警察で保護されたり、スーパーでお菓子を万引きしたり、中学校で不登校になったり…と、Aちゃんのファイルは分厚く、3冊になって棚に収まっている。

児童福祉司は4人目で、今は20代半ばの女性が担当しているが、誰も父親の顔を見たことがない。父母はもう何年も別居していて、「お母さんとふたりだよ。狭いからふたりでいっぱいいっぱい」とAちゃんが言うように、住まいは6畳ひと間に台所だけの古い市営住宅。お母さんは家にいて、いつも本を読んでいるような生活だった。

Aちゃんは、公立高校に入学したが続かず、夏休み前に中退して、秋から私立のサポート校に通っていた。そのサポート校は、駅前のビルの中にある高額な授業料で有名なところで、Aちゃんは「学校でネイルの勉強してて、将来はネイリストになりたい」と言っていた。高校卒業資格の教科とは別に、アニメとか美容とかさまざまなコースが設けられているようだった。

母子は生活保護を受けているわけではなく、父から毎月送金があったから、学費も父が出していたのだろう。父の実家はマンションやアパートをたくさん持つ旧家だという。

ある時、Aちゃんから相談したいと電話があった。担当はいないけど、と言うと、私に話を聞いてほしいという。お母さんが、夜中に大声で叫んだり、同じ銘柄のヨーグルトを食べきれないほど買ってきたり、近所の家の庭にある柿の木を、あれはうちのだからと言って勝手に柿をとってきたり…。「あなた、生まれてこなきゃよかったと思ってるんでしょ」と、母はAちゃんののどに包丁を向けながら、うつろな目をして迫ってくるのだと言う。

私が、それはコワイね、と言うと、「そうでしょ、どうしたらいいかなぁ」。保健師さんはお母さんの様子、知ってる？「だめだよ、あの保健師とお母さん、仲悪いんだよ」。クリニックにお母さん連れていきたいね。担当さんに家庭訪問してもらって、お母さんを説得してもらうよ。それからね、少し、お母さんと距離を置くっていうのはどうかな。親戚とか、お父さんの方のおばあちゃんちとか、たまに泊まりに行けない？　ずっとお母さんと一緒にいるのはよくないよ。同じ部屋で寝てたらプライバシーだってないしさ。「うん、そっかぁ。そうだね」とAちゃんはうなずきながら聞いてくれた…。

けれど、それから私は若い担当福祉司にAちゃんのことは任せっきりで、毎日、虐待ケースに追いまくられ、一時保護したり、施設入所や関係機関との調整に走りまわっていた。そしたら、ある日、お母さんから「Aが妊娠しました」と電話が入った。うかつだった。Aちゃんどうしてるかなとたまに思ったりしたが、担当がいるし、とそのままにして、3、4ヵ月が過ぎていた。担当はお母さんと電話で話したが、通院はやんわりと断られた。Aちゃんは1回だけ児相に来所したが、映画「ゴジラ」の話で盛り上がって、肝心なことはなにも言わず帰ったという。

お母さんとAちゃんは「子どもを産みます」と言った。Aちゃんはサポート校を休学し、未成年なので生まれる子の親権者はお母さんになり、「ふたりで育てます」と言う。お父さんは誰？　と聞いても教えてくれなかった。

市の保健師からは、「児相がかかわっていながら妊娠させてしまうなんて。お母さんは病識のない精神疾患ですよ。そんな家庭で、ましてや10代の出産なんて、まったく！」と怒鳴られた。

児相は今、小さい子たちの虐待対応で精いっぱいだ。言い訳にはできないけれど、死亡ケースの半数近くが0歳から6歳くらいの子どもだ。市や町は子育て支援、児相は虐待介入。中高校生は虐待死が少ないからと優先順位を下げてしまう。

できることなら、中高校生の自立支援にかかわる専門のチームを児相につくりたいくらいだ。Aちゃんの決断を責めたくはないけれど、10代の妊娠と出産、その後の育児や生活を思うと心配はつきない。こうなったら、Aちゃんが無事に出産するのを応援するしかない。母子手帳もらった？　妊婦健診ちゃんと受けてる？　若い担当さんと何度も家庭訪問しながら、生まれてくる赤ちゃんとどう暮らしていくのか、Aちゃんと話をしようと思う。

（２０１７年10月）

39 子どものしあわせって

「Yちゃんのママは、Yちゃんが小学校に上がる頃には引き取りたいと言っています。やがて家族再統合させるわけですから、もっと積極的に面会交流させたらどうでしょう」。「無理して会わせなくていいんじゃないの？　Yちゃんは今、里親さんちでしあわせに暮らしてるんだし」。

里親のもとで暮らすYちゃんを、実母と交流させるかどうか、児相の中で話し合いが続いていた。里親制度とは、なんらかの事情で家庭での養育ができなくなった子どもを、児相からの委託により一般家庭で養育すること。戸籍上、自分の子どもになる養子縁組とは違うので、子どもに対して里親は「生んだ親ではない」と真実を知らせるし、実親が子どもに会いたいと思った時には、交流させなければならない。

Yちゃんのママは、未婚でYちゃんを生み、ひとりでしばらく育てたけれど、「夜の仕事ができないので娘を預けたい」と児相に電話してきた。Yちゃんは1歳までは乳児院にいて、その後、里親に委託することになった。Yちゃんのママは、最初は毎週のように乳児院に通い、宿泊面会（乳児院に泊まって一緒に過ごすこと）もしていたが、そのうち面会が月1回になり、2、3ヵ月来なくなり、1歳になる頃にはいろんな理由をつけて面会をキャンセルするようになった。

ならば、と児相はYちゃんを養子に出すことをすすめた（6歳までの子どもの養子は「特別養子縁組」といって、戸籍上は実親との親子関係がなくなる）。するとママは、「結婚を約束している男性がいるから、いつか引き取って一緒に暮らしたい」と言って、特別養子縁組を断り、里親への委託を希望した。「私が施設（児童養護施設）で育って、イヤな思いをしたから、この子は施設に入れたくない。里親なら会えるし、親子でいられるから」とママは言った。

その後、しばらくYちゃんのママから連絡がなかったが、最近になって「今のあの人だったら、Yのことを可愛がってくれると思う。きっといい父親になってくれる。あの人にYを抱っこさせてあげたい」と言って、担当の児童福祉司に何度も電話してきた。

担当の福祉司は、「Yちゃんはもうすぐ4歳ですから、自分を生んだママと、育ててくれるお母さんがいることを、少しずつ理解させる必要があると思います」。

別の福祉司は、「でもね、もう1年以上、ママはYちゃんに会いにこなかったんでしょ。それを今さら交流させてどうするんですか？　ましてや男と会わせるなんて、そのうちまた別れるに決まってますよ」。

Yちゃんは、年が明けたら幼稚園に通うことになっている。会社を経営する40代の里父と専業主婦の里母。豊かな暮らしぶりがうかがえる住まい。夏と冬にはYちゃんを連れて海外で休暇を楽しむ。語学が堪能な里親夫婦は、いずれYちゃんも留学させたいという。担当がYちゃんと実親との交流を進めようとしていることを知った里親は、Yちゃんを取られるのではないかと心配している。

「Yちゃんにとって、里親のところにいるほうが、どれだけしあわせか。仮にママと交流させて、ママにYちゃんを返したとして、Yちゃんが大学まで行けると思うの？　交流は、ママの生活がもっと安定してからでも遅くないんじゃないの」。

「ママが、Yちゃんのママになれるように支援するのが、児相の仕事でしょう？　今、それをしないと、あの親子はもう親子じゃなくなっちゃうんですよ。施設で育ったママが、それでもYちゃんのママになりたいという気持ちを、もっと大切にしてあげましょうよ。Yちゃんと交流させることで、ママはきっと自分の生活を変えようとするはずです。里親さんは、Yちゃんを一所懸命育ててくれています。そのことは認めます。でも、里親として、実親との交流を受け入れて、協力してくれなければ、社会的養護とは言えませんよ」。
「子どもを実親に会わせることで、子どもが不安定になって、里親との関係がぎくしゃくしてしまうことが、これまでいくつもあったじゃないか。なにが子どものためかを考えるのが、児相の仕事なんじゃないの？」。

こんなふうに方向性が定まらないまま、その日の話し合いは終わった。

結局、しばらくしてママは行方不明になった。Yちゃんもいつか自分の生い立ちを知る時が来るだろう。もし、Yちゃんとママを交流させようと決めていたら、ひょっとしてママは行方不明にならなかったんじゃないか、と思うことがある。Yちゃんにとって、どっちがしあわせだったんだろう。

（2017年12月）

40 性的虐待がなかったことになる

今、思い出してもくやしい。

高校生の女の子、Fちゃんの話をしたい。

高校のスクールカウンセラーから、「どうか内密に、校長に知れたらたいへん」と、ある日、児相に連絡があった。父から性的虐待を受けていると生徒から聞いた、どうしたらいいかという相談だった。その高校は、地元でトップクラスの私立女子高だ。慎重に入っていかなければと話し合い、まず児相の所長から校長に「匿名の通告があった」旨を伝え、Fちゃんに会わせてもらえないかと依頼した。校長は、性的虐待という言葉に動揺した様子だったが、「ご協力は責務ですから」と学校での面談を承諾してくれた。

高校1年生のFちゃんは、とても利発そうな女の子で、私たちの質問にも淡々と答えてくれた。

「小学3年生の妹と2段ベッドに寝ています。私は上で、下が妹。父はお酒に酔った時に、私のベッドに来て、キスをしたり身体をさわったりします。やめてと言ってもさわってくるので、いやだけどがまんしています。高3の兄がいますが、兄は私がお風呂に入っている時のぞきに来ます。私の下着がよくなくなるのですが、兄が盗っているのだと思います。そのことを兄に言うと、兄が私を殴るので、こわくて母にも相談できません」。

Fちゃんを絶対保護しなきゃ。私たちはFちゃんを「安全なところに行こう」と説得して、一時保護所に入れた。小学3年生の妹も保護したいと考え、私立の小学校に向かったが、「保護者の承諾なしに子どもに会わせられない」と学校側から拒否されてしまった。

一時保護所で、Fちゃんは、マッサージだと言われ父の性器をさわらせられていた…と嗚咽《おえつ》しながら被害を少しずつ語りだしていたが、父を訴えることまでFちゃんは望まなかった。

Fちゃんの父は医師。父方親族も、母方親族も医者ばかりの家族。母方祖父母が、弁護士を伴って児相にやってきた。祖父は大きな病院の院長だ。祖父母には、Fちゃんが語っていることを話し、協力してくれるよう頼んだ。祖父母とも、涙を流しながら、「母はショックで入院している、父が許せない、母とは離婚させる、Fがかわいそうだ、私たちにFを預けてもらえないか」と懇願した。

私たちは悩んだ。

Ｆちゃんが家に帰りたいと言い出していたからだ。

「お母さんに会いたい、お母さんが心配。私がしゃべったから、私のせいでお母さんが死んでしまうんじゃないか」。

Ｆちゃんは、一時保護所の食事に手をつけなくなった。Ｆちゃんを母方祖父母宅に引き取らせることは、Ｆちゃんにとってもいい選択ではないか。一時保護所にずっと置いておくわけにもいかない。Ｆちゃんは児童養護施設に行きたくないと言っているし。

私たちは、母方祖父母宅に、Ｆちゃんを引き取らせることを決定した。母を被害者として、地裁に接近禁止命令を申し立て、父がＦちゃんに近づかないようにする。Ｆちゃんを児相に定期的に通所させる。祖父母宅への家庭訪問を受け入れる。Ｆちゃんを精神科クリニックに通院させる。その診療情報を児相に提供する。通学の送迎は祖母がおこなう。学校には引き続き児相の調査に協力するよう祖父母からも働きかける、等々を書面にして約束し、Ｆちゃんは祖父母宅に帰っていった。

しばらくして、Ｆちゃんを「自宅に戻した」と祖父母から連絡があった。理由は、母が自殺未遂をはかったから。母の安定のために、Ｆちゃんを母のそばに置いておくと家族で決めたと。祖父母は、それ以降、児相からの電話にも出なくなり、家庭訪問も拒否。Ｆちゃんの通院先も情報提供を拒否。学校も児相がFちゃんと会うことを拒否。登校しているかの確認さえも「個人情報だから」と校長は応じなくなった。

祖父母の弁護士から、「Fちゃんを他県の全寮制の高校に転校させた。家族で話し合って解決しようとしているのだから、もうこの件はそっとしておいてほしい。Fちゃんもそれを望んでいる」と連絡があった。

こうして、私たちはまったく手出しできなくなってしまった。

Fちゃん宅を訪問しても、窓にシャッターが降りたまま誰も住んでいない様子。父の車なのか、外国製の大きな車がホコリをかぶって駐車場に停まっていた。その後、兄が通う高校から、兄が医学部に進学したという情報をもらった。

くやしい思いだけが残ったが、私たちはこのFちゃんのケースを「相談終結」とするしかなかった。終結ってなんだ。なにもなかったように終わるしかないのか。警察や検察に相談しておけば、せめて事件化できたのか。しかし、それはFちゃんをもっと苦しめることになったのか。

（2018年2月）

解説

④

子ども虐待はどうしたらなくなるのでしょうか？

川松 亮

1. 子ども虐待の背景

子ども虐待が生じる背景として、かつて厚生労働省の『健やか親子21検討会報告書』（２０００年11月）では、以下の４つの要素がそろっていることが多いと指摘されていました。すなわち「［1］多くの親は子ども時代に大人から愛情を受けていなかったこと、［2］生活にストレス（経済不安や夫婦不和や育児負担など）が積み重なって危機的状況にあること、［3］社会的に孤立化し、援助者がいないこと、［4］親にとって意に沿わない子（望まぬ妊娠・愛着形成阻害・育てにくい子など）であること」です。この内容は、アメリカで子どもの虐待を発見した医師ヘンリー・ケンプ氏（１９６２年に「バタードチャイルドシンドローム（被殴打児症候群）」を発表）が指摘したことでもあります。

このように、保護者の成育歴や生活上の困難、そして支援してくれる人がいないことなどが背景にあり、その上で子どもとの関係性の困難も抱えていることが多くの事例に見られるのです。

もうひとつ資料を見てみましょう（図5）。全国児童相談所長会が２０１４年3月に出した報告書では、「虐待につながると思われる家庭・家族の状況」を聴いています（全国児童相談所長会『児童虐待相談のケース分析等に関する調査研究報告書』、２０１４年3月）。担当児童福祉司が複数回答で答えたものですが、最も多かったのが「虐待者の心身の状態」で32・2％、

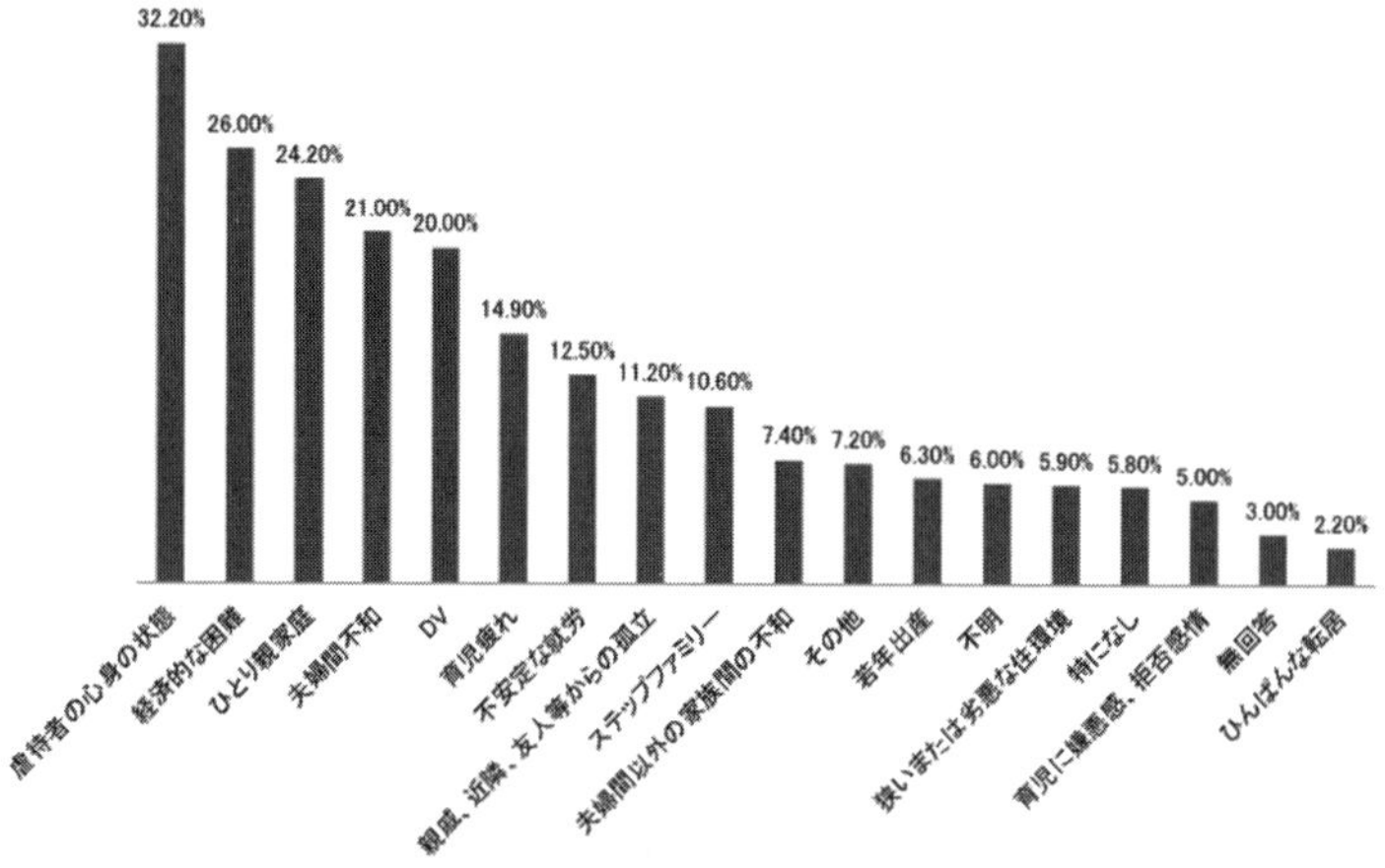

図5　虐待につながると思われる家庭･家族の状況（複数回答）（全国児童相談所長会『児童虐待相談のケース分析等に関する調査研究報告書』（2014年3月）から川松作図）

次が「経済的な困難」で26%、そして「ひとり親家庭」24・2%、「夫婦間不和」21%といった順で続いていました。そしてこれらの要因がひとつの事例に複数合わさっていることが確認され、複合的な困難を抱えていることが特徴として見られたのです。

　このように生活上の困難を複数抱えているだけではなく、多くの事例では親族や知人による身近なサポートを得ることができておらず、さらにそれを補うべき行政のサービス資源が不足している現状も困難に拍車をかけています。また、行政のサービスがあったとしても、その情報が必要な家族に届いていなかったり、サービス提供を拒むことがあるなど、支援関係構築にも困難を抱えている場合が多く見られるのです。このように、子ども虐待の背景には、家族が抱える複合的な困難の存在と社会的な孤立が見られると言えるでしょう。

2. 虐待支援のあり方

　前記のような背景から、虐待防止のためには、家族の抱える困難を一つひとつ解消するための支援と、社会的なつながりをつくりだすための支援が求められると考えます。こうした支援はひとりの支援者やひとつの機関だけでは到底成し得ず、地域の多様な支援者や支援機関が手を取り合って協働し、それぞれができる支援をつなぎ合わせることが必要となります。子どもと家族が抱える課題を支援者の間で共有して認識し、その解消のためにできることを、子どもと家族と話し合いながら、その納得を得て支援の手立てにつなげていきます。こうして子どもと家族が前向きな暮らしを営めるように、地域で支えていく必要があると考えます。この支援はスモールステップで、子どもや家族が取り組みやすい課題から達成感を積み上げていくことも必要です。そのために、地域の支援が家庭の機能を積極的に補完していくこと、また、支援者同士がつながる・つなげ合うことが大切となります。

つなげ合う支援のポイントは、互いの支援を重ね合うこと、すなわち、一緒に訪問したり同席で面接したりする協働であると考えます。必要な支援を他人任せにせず、地域の支援者が一緒におこなっていくことが必要だと言えるでしょう。こうした重ね合う支援のあり方を「寄せ鍋型支援」と呼びたいと思います。寄せ鍋を地域の支援者が囲むようにして、スクラムを組んで子どもと家族を支援すること、地域の支援者によるチームワークによって支援がおこなえるような地域づくりを心掛けたいものです。

3．虐待予防のために

虐待で子どもが傷つかないようにするためには、なによりも虐待に至る前に予防することが大切です。とりわけ、妊娠期から孤立していたり困難を抱えている女性を発見して支援につなげることや、子育てに困り感がありながら相談できないでいる保護者に気づいて地域の支援につなげることが求められます。

こうした困難を抱えている方は、自らの成育歴に不利を抱えていたり、大人との安心できる関係を経験できていなかったり、人を頼って問題が解決したことがなかったりする方が多いものです。そのために相談しても、よいことがあると思えず、相談することができなくなっている場合がありま す。人を頼ることができるためには、ていねいに話を聴いてもらう存在が必要で、そのような場を地域に多様につくりだしていかなければなりません。行政に相談しにくい方も、民間の垣根の低い取り組みでつながることがあります。民間団体の取り組みと行政とが連携協働することも大切です。

母子保健（保健指導や乳児、幼児の健康診査など）は子育て困難を発見する最も身近な場です。保育園や学校もまた、多くの子どもと家族に接することができて、子育て困難を早期発見できる場です。こうした機関のスタッフが、困難を抱える子どもと家庭に気づける目を持てるように、研修などで周知していくことが必要だと思います。医療・保健・教育・福祉がつながり合って、困っている子どもと家族に気づき、支援につなげ合うことが求められています。

そして、必要なサービスを提供し、保護者の負担を軽減していくことができれば、虐待の予防に有効です。ヘルパー派遣により家庭の機能を積極的に代替したり、保護者が元気を取り戻すためのショートステイや一時保育の場を拡充したり、親子で気軽に立ち寄って子育てのアドバイスを受けられる場を増やすなど、地域の子育て支援資源の充実が、虐待予防の基盤になるものだと思います。こうしたサービスが制限なく使え、費用もかからないように、それぞれの基礎自治体が工夫した取り組みを実施していきたいものです。

このような支援は「おせっかい」と呼んでよいと思います。地域でたくさんの「おせっかい」を繰り出していけるように、足りないサービスを地域でつくりだし、子育て環境を整備していくことが求められています。

5　行き場を探して

41

産後うつのおそろしさ

「子どもの首を絞めて殺してしまったら、どれだけ自分が楽になるだろうと思うんです」と、ていねいな口調で語るAさんの電話を取った。

数年前、産後うつの母親が3ヵ月の赤ちゃんの首を絞め、子どもが半身まひになる障害を負ってしまったケースを担当したことがある。その時の記憶がよみがえり、心配になって、すぐに保健師とふたりでAさんを訪ねた。

Aさんは清潔感のあるおしゃれな服装で、室内もきれいに片づけられていたが、赤ちゃんはベビーベッドに寝かされたまま、大きな声でずっと泣いていた。まだ1ヵ月にもならない新生児。

「おっぱいは2時間おき、便もおしっこも何回もして、夜中も大声で泣き続けるんです。私は寝られないし、ご近所も気になってしまって…」。

Aさんは30代半ばで、勤め先の企業は3年間の育児休暇が取得できるらしい。

「もう限界です。3年も子どもとふたりっきりで過ごすなんて、耐えられない。でも、ほかの人はみんな3年間の育児休暇を取っているのに、私だけ産んですぐに出社するのは恥ずかしいですから」。

保健師が赤ちゃんを抱きあげると、なぜかピタッと泣き止んで寝てしまった。

「いつもこうなんです。私じゃない人に抱かれると泣き止むのに、私が抱いても大泣きばかり」。

Aさんは恨めしそうに赤ちゃんをにらみつけた。

「あんまり泣くので、何回か押し入れに閉じ込めたことがあるんです。こんな自分は、虐待している親なんだって思います。息苦しくなって、涙が止まらなくて、この子を殺して自分も死のうかと何回も考えました」。

「家事も育児も完璧にこなしてえらいね」と保健師がほめたら、Aさんは急に怒り出して、「私がまじめだからいけないって言うんですか！　私がこんな性格だから子育てができないって、みんなで私を責めないでよ！」と、テーブルをたたいて大泣きした。Aさんの不安定な様子がうかがえた。

夫は土日は休みだが、子どもが泣いてうるさいと実家に帰ってしまうらしい。

「会社から帰ると、ご飯できてるのかとか、ごみ出ししてないとか、そんなことしか言いません。子どもが泣いていても、自分だけさっさと寝てしまいますし。お義母さんは、赤んぼは苦手と言って手伝ってくれません。私の両親は地方に住んでいますが、いろいろあって今は絶縁状態なんです」。

Aさんの追い詰められたような孤独感が伝わってくるようだった。

市にはショートステイのサービスはあるが、生まれたばかりの新生児は受け入れてもらえない。Aさんに「赤ちゃんを乳児院に預けて、少しの間だけ休んでみたら?」と勧めてみたが、Aさんは黙ったままだった。児相に電話したことも後悔しているようで、また訪問してもいい? という保健師の言葉にも、「ええ、まあ、ちょっと…考えてみます」と答えを濁した。

なにかあってからでは遅い。なんとか助けられないかと思うが、無理やり赤ちゃんを保護することもできない。

数年前の、あのお母さんもそうだった。

「子育てがつらい。赤ちゃんに愛情がわかない。この子と一緒にマンションから飛び降りたい」と訴えるので、すぐに家庭訪問して、心療内科を受診してもらった。産後うつと診断され、薬ももらったのに、母乳に影響があるからと薬に手をつけなかった。心配で何度か訪問したが、「迷惑です」と拒まれ、なにもできないまま何週間か経った頃、「一緒に死のうと思って赤ちゃんの首を絞めました」とお母さんが110番した。赤ちゃんは、搬送先の病院で一命をとりとめたが、重い障害が残ったのだった。

予想通り、Aさんは体調が悪いとかなんとか言って、児相のかかわりを拒み続けた。保健師が電話してもすぐ切られてしまう。心配した私たちは、まず夫と連絡をとることにした。夫の勤務先に電話して、なんとか話すことができたものの、「あいつは少しノイローゼみたいになっていて、皆さんにご迷惑をおかけしました。でも、私の母が子どものめんどうや家事を手伝ってくれますので、もう大丈夫です。世間体というものもありますしねぇ」と言った。夫は、産後うつなんて気持ちの持ちようだ、くらいにしか考えてないようだった。

妊産婦の死因の最多が自死だという調査結果がある。そのうち、産後うつが原因とみられる場合も多いという。

Aさんと子どもがどうしているか心配しながらも、なにもできない状況が今も続いている。時々、夫に電話して様子を聞きながら、気にかけていると伝えていくしかないかなと思う。

（2018年4月）

42 みんな勝手すぎます

Aくんは小学4年生になるが、一度も学校に通ったことがない。2年生の弟と1年生の妹は学校にも放課後の学童クラブにも行っているが、Aくんはずっと引きこもったままだった。

お母さんはデパートの食品売り場で働き、夜9時に帰宅する。3人はテレビを見ながらお母さんの帰りを待つのだが、毎日のようにケンカになる。その日もお母さんが帰宅すると、一番下の妹が、Aくんに首を絞められたとお母さんに訴えた。お母さんは疲れてイライラしていたこともあって、Aくんをひどく叱りつけて外に閉め出した。

裸足で公園でうずくまっていたAくんを、犬の散歩で通りかかった近所の人が見つけて警察に通報した。交番に連れていかれたAくんは、泣くばかりで名前も住所も言えず、迷子として児相に身柄通告となり、その晩、一時保護所に入った。翌朝になってようやくお母さんが警察に連絡したので、保護されたのがAくんだとわかった。

しかし、お母さんは「こんな子いらない！　施設でもどこでも連れていって、ムリ！もう疲れました」と引き取りを強く拒否した。

Aくんの父親は、殺人未遂で刑務所にいるという。お母さんは夫の暴力に耐えかねてシェルターに逃げて離婚。その後、弟や妹の父親と知り合った。今度こそと思ったが、彼もまた酒に酔うとお母さんやAくんを殴った。お母さんは逃げた。名前も仮名にした。「ようやく落ち着いたところだったのに」と、お母さんは泣いた。「あの子、父親とそっくりなんです。うちに帰ってきたら、絞め殺してしまうかも…」。

そう語るお母さんのひきつった顔を見ながら、私たちは、お母さんがこれまでもAくんの首を絞めたことがあるのではないか、家の中に暴力がまん延しているのではないか、と危惧《きぐ》した。

Aくんをこのまま母のもとには戻せないと考えた私たちは、児童養護施設を片っ端からあたったが、受け入れてくれるところはなかった。

Aくんは予想外の状況に直面して不安が強くなると、身体が固まり、動くこともしゃべることもできなくなる。児相の児童精神科医の診察を受けると、場面かん黙症と診断され、抗不安薬を処方された。Aくんは処方された抗不安薬を飲みたがらず、職員は薬をすりつぶして水に溶かして飲ませようとしたが、毎回吐き出した。一時保護所の職員は、そんなAくんに24時間、毎日つきっきりで対応した。

県立病院の児童精神科に入院できないかと考えたが、まずは外来で診察を受けてほしいと言われ、取れた予約は1ヵ月先。しかも病院に行くと言えば、Aくんは動かなくなって車にも乗らないかもしれない。

Aくんの一時保護が3ヵ月を超え、一時保護所からは、毎日のように「早く処遇を決めてくれ。Aくんを退所させないとほかの子どもが保護できない」と催促された。

児童心理治療施設（注1）に問い合わせると、集団生活ができないので入所は無理だが、通所ならという回答だった。「通所なら受け入れる」ということは、Aくんを家庭に戻したあと、お母さんがAくんを連れて定期的に通う必要がある。パートで働くお母さんが遠方の治療施設に通うことは難しいし、そこまでする気もないだろう。そもそもAくんの引き取りを拒否しているのだから。

市の担当者は「母のネグレクトでしょ、児相でなんとかしてください」と家庭に戻すことに反対。小学校も「登校せず、母親が治療機関に通わせないような子は、受け入れられない」と校長が電話をかけてきた。

「みんな勝手すぎます。Aくんは、静かな部屋でふたりになると、よくしゃべるし、オセロで遊んだりして、笑顔も出て、いい子なんですよ」。

担当している児童福祉司は悔しそうだった。

専門里親という制度がある。里親としての養育経験があり、児童養護施設などに3年以上務めた経験と専門的研修を受けた里親さんのこと。生活費や食費、被服費等の手当ても支給される（学費や医療費等実費は別途）。専門的な仕事という意識で取り組まれる方も少なくない。思いあたる里親さんに連絡してみたが、Aくんの様子を話すと「育てる自信がない」と受け入れを断られた。

Aくんの行き場はなかなか決まらず、一時保護が半年をこえた頃、遠い他県の児童心理治療施設が「受け入れを検討する」と言ってくれた。職員みんなでよかったねと言い合ったが、新幹線を利用して、駅からはバスという施設。お母さんはAくんに会いにきてくれるだろうか、と心配になる。

（2018年6月）

注1　児童心理治療施設　心理的問題を抱え日常生活に支障をきたしている子どもたちに、医療的な観点から生活支援を基盤とした心理治療を中心に、総合的な治療支援をおこなう児童福祉施設。

43 相談所らしい相談

Cさんは、勉強が得意じゃなかったが、英語だけは好きだったという。「中学の時の英語の先生（外国語指導助手）がカッコよくてやさしかったから。大きくて、アフリカ系で、真っ白な歯を出してイッヒヒと笑うの」。Cさんの初恋の人だった。

高校受験はしないで近所の中華料理屋でアルバイトしていた時、お客さんから「基地で働けば自然に英語が上達するよ」と聞いたCさんは、他県にあるアメリカ軍基地のゲート前のスナックで、年齢をごまかして働きはじめた。

そこで知り合った、アフリカ系アメリカ人の軍人と恋愛関係になり、すぐにひとり目を出産。17歳だった。

そのアメリカ兵に「グラビアアイドルの仕事をしてみないか」と誘われ、事務所と契約したものの、結局それはAVの会社で、契約金などは彼に渡ったのか、Cさんはお金ももらえず、わけがわからないまま、何本かのAV撮影に連れていかれたという。

スナック勤めを続けながら、19歳でふたり目を出産。21の時に3人目を産むが、男はアメリカに帰ってしまう。3人の子どもを抱えて途方に暮れたCさんは、実家に戻ろうとするが家に入れてもらえなかった。妹がCさんを心配して、実家近くにアパートを借りる手続きをしてくれたという。

「親子4人で暮らしはじめたのですが、お金もないのでどうしたらいいですか」。

たまたま近所にあったので、とCさんは児相にふらっと立ち寄って相談した。それがCさん家族とかかわるきっかけだった。子どもの頃、児相の職員が子どもを救うテレビドラマを観たことがあって、ここならきっと助けてくれると思ったらしい。

新任の女性の児童福祉司Wさんが担当することになり、Cさんを市役所に連れていって、何日かかけて住民票の異動やら、生活保護の申請や保育所の申請、障害福祉課でCさんの療育（知的障害）手帳の申請もしてきた。

Cさんがてんかんだったこともわかった。小さい頃から頭の中がもやもやっとすることがよくあったらしい。それはてんかんの発作だったんだよ、親には相談しなかったの？と聞くと、親はいつも忙しそうで言えなかったと。子どもの頃から投薬治療などができていたら…と思った。

Cさんは、上のふたりの子を保育所に預け、空きがなくて保育所に入れなかった3人目の子を、週2回、一時保育に預けて、福祉センターの喫茶店で働くようになった。Cさんはしょっちゅう児相を訪ねては、Wさんとロビーで楽しそうにおしゃべりをしていた。

そんなふたりを見て、児相の上司がWさんに注意を与えた。Cさんのケースにばかり時間をかけていてはダメ、ほかに重篤な虐待ケースをいくつも抱えているでしょ、次々にケースをこなしていかないと未処理がたまっていくわよ、そもそもCさんの支援はもう市役所に任せていいのよ、児相の仕事じゃないわ、と。

厳しく叱責《しっせき》されても、Wさんは時間をやりくりしてCさんにつきあっていた。

「Cさんの親との確執や子育ての悩み、つきあっていた男の話を聞いて、ああでもないこうでもないと一緒に考えていると、私、児相で仕事してるって実感するんですよ。児相の仕事って、虐待している親への介入とか親子分離とか、そりゃあ子どもの命を守るために必要なことですけど、親が怒鳴り込んできたり、こわいことばっかりで、相談所っていうより警察や裁判所みたいで、つらいんです。Cさんと話していると、ほっとするんです」。

その後もCさんは、Wさんになんども相談に来ていた。肌の色が黒い3人の子どもたちと町を歩くと、みんなが振り返って、じろじろ見られる。「あいのこ」と声をかける年配の人たちもいて、毎日落ち込む。保育所でも、肌の色の違いで子ども同士のいじめがある。

ママ友の中に入れてもらえない。自分から積極的に話しかけていく自信もない。保育園の先生から、子どもたちの「動きがヘン」だから病院に行けと言われた、多動でフツウの子とぜんぜん違うって、発達障害じゃないかと言われた、と。

「ほんとうは、３人ともお父さんが違うんだそうです。びっくりしました。実は今、昼間、デリヘルみたいなことしてお金をためているんだそうです。Cさんって案外ちゃっかりしてるんです。子どもをほったらかしにしないでね、ってCさんには言いました。保護するからねって。それでいいんですよね」。

頭ごなしにWさんのやり方を否定したくはなかった。「あなたが思うように、やってみたらいいんじゃない」と私が言うと、Wさんは「そうですよね」と安心したように笑った。

「でも、ただ聴くだけがあなたの仕事ではないのよ」ということはちゃんと伝えなくては…。Cさんの自立を支援するために何ができるのか、一緒に考えていきたいと思っている。


（２０１８年８月）

44 Mちゃんの選択

久しぶりにMちゃんに会ってびっくり！　驚いた。

児童養護施設に入って半年あまり。「こんにちは」と頭を下げて挨拶する制服姿のMちゃんは、すっかり高校生のお姉さんになっていた。

その日は、家庭裁判所の調査官がMちゃんの意向聴取をする日。離婚したMちゃんの父親が、親権変更の調停を申し立てたため、調査官が施設にやってきた。事前の家庭裁判所とのやりとりでは、児童福祉司や施設の指導員が調査面接に同席することを了解していたのに、その場になって、調査官は私たちの同席を拒んだ。父親の強い希望を裁判所は尊重するのだという。

Mちゃんが面接を受けている面会室の前で、女性のベテラン指導員Cさんと立ち話をした。

「偏差値が高くない高校ですけど、Mちゃん、クラスで成績トップなんですよ。勉強、がんばってます。数学と英語が得意で」。

Mちゃんは施設が運営するグループホームで暮らしている。

「子ども6人のグループホームですから、ひとりっ子でさびしがり屋のMちゃんにはよかったのかな。下の子の世話をよくしてくれるんですよ。ホームに来たばかりの頃のMちゃんにはさんざん苦労させられましたけどね」。

Mちゃんは食べ物の好き嫌いが激しい。小鉢など食器がいくつもあると食べられず、ひとりだけ別にワンプレートにした。お風呂に1時間くらい入り、シャワーは出しっぱなし（光熱水費が何万も跳ねあがった）。時々、夜中にいなくなり、警察に行方不明届を出して探してもらった。ほかの子が大切にしているものを盗って隠す。コンビニで万引きして謝りにいく。行動すべてが指導員泣かせで、注意してもへ理屈をこねて人のせいにし、最後は、床に大の字になって幼児のように泣き叫ぶ。「若い職員がひとりやめてしまったくらい、たいへんだったんです」と、Cさんは笑った。

Mちゃんの母親は、覚せい剤所持と使用で何度目かの逮捕。保護者不在のため、警察が一時保護所にMちゃんを連れてきた。中学3年生だったMちゃんは、児相の廊下をギャーっと大声で叫びながら「一時保護所に入りたくない」と逃げまわった。職員総出で身体をおさえて止めようとしたが、2、3時間は獣のように叫んで暴れていた。どうにか一時保護所に入ってからも、集団生活ができず個別指導室でずっと寝起きしていた。

ひと月くらい経って、一時保護所で少し落ち着いたMちゃんは、母親との生活を語ってくれるようになった。

母親は、うつ病のため生活保護を受けていたが、酒びたりの毎日だった。酒がなくなると、夕方、駅前の飲み屋に行って、顔見知りになった男に酒をおごってもらい、誘われれば性的な関係を持ち、お金をもらっていた。Mちゃんは小中学校通して、ほとんど学校に行ってない。家でひとりでテレビを観たりゲームをしたり。昼間はよく近所の図書館に行って、書架の端から端までの本を片っ端から広げて、ひとり眺めていたのだそうだ。ご飯や入浴、洗濯はどうしていたんだろう。

父母の離婚はMちゃんが小学校高学年くらい。それまでも父親とは別居状態で、たまに帰ってきて、母親が不在の時、父親に胸をさわられたと言う。「女の子のおっぱいは、さわられると大きくなるんだぞ」という父親の言葉をMちゃんは信じていたらしい。

Mちゃんは、そんな父親を親権者と選んで、「施設を出たい。父と暮らしたい」と家裁の調査官に述べたらしい。私たちは、性的虐待の疑い等、父親がMちゃんの監護責任者としてふさわしくないことを訴えたが、「16歳の本人の意思を尊重する」とあっさり父親に親権が移ってしまった。父親の経済力が家裁の決定の根拠となったらしい。胸をさわったのはふざけただけと、Mちゃんも父をかばったらしい。実刑を受けて3年後に刑務所から出てくる予定の母親も、親権放棄を認めた。

2ヵ月後にMちゃんの退所が決まった。今通っている高校まで2時間以上かかるので、父宅に近い県立高校に編入することになるらしい。

Cさんは怒っていた。

「せっかく学校に行けるようになったのに、卒業したら専門学校に行きたいって言ってたのに。Mちゃんは、生活のルールというか、ワクを示してあげれば、その中でがんばれる子なんです。それが、また自由放任な生活に戻ったら、あの子はきっと…。誰も私を助けてくれなかったと、周りのせいにして、恨んで生きていくんじゃないかと心配です」。

不安はつきないけれど、「なにか困ったことがあったら、ぜったい、ホームのCさんか、私に連絡してね」と伝えてMちゃんを送り出した。

（2018年10月）

45 家族のきずな

わたしのおうちにはいつも暴力があった。
お姉ちゃんはよくパパ（父3／著者注）にたたかれる。
わたしはお姉ちゃんを助けたかった。
でも、パパにたたかれるのがこわくて、押し入れでじっとしていた。
わたしは、ひきょう者。
お姉ちゃんは、夜中にうちを出ていった。
わたしはかなしかった。

小学6年生のPちゃんが書いた作文を、担任の若い女性教員から見せてもらった。
Pちゃんのお姉ちゃんは中学生で、家出してお姉ちゃんの実父（父1）方の祖父母のところに逃げた。家族は複雑でややこしい。ママは、16歳で妊娠してお姉ちゃんを産み、お姉ちゃんの実父と結婚するが、18歳で離婚。その後、Pちゃんの実父（父2）と再婚し、Pちゃんが生まれるが、それからもママは何人かの男性とつきあって、Pちゃんの実父とも離婚。その後、作文のパパとママ、お姉ちゃん、Pちゃんの4人で暮らしていた。

Pちゃんの作文にママが登場しないのは、この時、ママは別の男性と暮らしていたからだ。それもすぐ近所に。ママの結婚や離婚、男性関係は、狭い市内で完結していた。ママにもそれぞれの男性にも、市内に親きょうだい、親せきがいて、Pちゃんのおうちの状況をみんなが知っていて、それぞれに、たまに助けてくれているようだった。お姉ちゃんが家を出て、Pちゃんも「パパ（父3）に暴力されるから」と、ママの姉の家から学校に通っていた。

小学校から、Pちゃんがパパ（父3）から身体的虐待を受けているのではないかと通告を受けたが、児相は、Pちゃんへの性的虐待も疑っていた。Pちゃんが担任に「パパにトイレをのぞかれる」と語っていたらしい。Pちゃんに聞くと「そんなこと言ってないよ」と否定する。中学校でお姉ちゃんに聞いても、「パパはいやらしいことばっかり言うけど、なにかされたことはない」と言う。でも「パパとおばあちゃん（ママの母）がママの留守の時、仲良くしているのがすごくいやだった」とお姉ちゃんは言った。仲良くしてるってどういうこと？　と聞いても「わかんない」と、それ以上語ろうとはしなかった。

わたしの現場感覚では、性的な歪みが児相が対応する多くのケースに横たわっている気がしてならない。Pちゃんのケースも、性的な垣根が家庭内でとても低い感じがした。

「ママもパパも、お風呂からあがったら素っ裸ですごしてる」とPちゃんが語っていたので、ママ宅を訪問して、ママにそのことを聞くと「だって部屋が狭くて脱衣場がないから。ジソウはそんなことにまでケチをつけるんですか」と怒っていた。パパからのPちゃんへの虐待について、ママに聞いても、「あいつ（父3）は家を出て行ったし、連絡先もわかんないし、もう別れることになったんでぇ」と、もう終わったことだから「関係ないでしょ」と取り合おうとしない。

ママは、「わたし今、妊娠してるんですよ。一緒に暮らしてる人と来月結婚します。お互い中学の同級生で、親同士も仲いいんで。お姉ちゃんとPちゃん、生まれてくる赤ちゃんと赤ちゃんの父親（父4）と、5人で暮らしていくことになってるんです」と話した。

Pちゃんの作文は、続きがある。

わたしはこれまで、いっぱいつらいことを経験してきた。
なみだが出て、死にたいとなんども思った。
ハウスシチューみたいなしあわせな家族になりたい。

わたしが大きくなったら、しあわせな家族をぜったいつくる。
家族のきずなをこわさない。
わたしは子どもが好きだ。
わたしに子どもができても、ぜったいにぎゃくたいしない。

児相ではPちゃんの心理診断をしている。トラウマ症状のチェックで、こわいこと、思い出したくないことが突然浮かんで、イライラして腹が立って落ち着かない様子がうかがえた。自分をバカだとか悪い子だと感じてしまうなど、自信のなさ、自己評価の低さが顕著にあらわれ、頭痛や耳鳴りなど、身体症状も訴えていて心配だ。
Pちゃんが、10代の後半になるまでずっと見守っていけたらと思う。Pちゃんがわたしたちを拒否しなければだけれど。

（2018年12月）

46

あきらめていました

Aちゃんは中学2年の女の子。父の厳しい「しつけ」に耐えられないと、児相に助けを求め、児童養護施設に一時保護委託されていた。

父母は施設入所を承諾せず、児相は家庭裁判所に申し立てをおこなった。児童福祉法第28条は、親権者の意に反しても、児童相談所長が家庭裁判所の承認を得て、子どもを児童養護施設等に入所させることができる、としている。

家庭裁判所での審問。父と母を別々に陳述することになった。最初に裁判官が母に質問する（父は控え室に）。私たち児相職員は、その場に同席して母と裁判官のやりとりを聞いた。

――（裁判官）お父さんがAさんに手をあげた理由はなんですか？

母　してはいけないことをしたとか。私があまりしつけできてないので。夜9時に寝るところを起きていたり、決められたお手伝いをしてないとか。

——Aさんがたたかれているのを見ていてどう感じましたか？

母　心は痛かったですね。でも私が言ってもあの人（父）はやめないだろうから。

——暴力をふるうとか、食事抜きとか、ひどいと思わなかったのですか？

母　あきらめていました。私がなにを言っても聞かないだろうなと。

——お父さんからお母さんへの暴力はなかったのですか？

母　以前はありましたけど、今はあまりありません。

　今度は、裁判官が父に質問する（母は控え室に）。

——Aちゃんに手をあげたことを反省しているということですが、お父さんはなぜAちゃんをたたいたんですか？

父　悪い時は痛みでわからせるのが私の方針で。私が厳しくしないと、妻が甘やかしてしまうのではと。妻への不満というか、妻に言っても聞こうとしないので、たたいて厳しくしつけしたら、妻も変わるんじゃないかと思いました。

——Aちゃんのことについて夫婦で話し合うことはなかったんですか？

父　私が言っても、妻はハイハイと言うだけで。妻は私のことをちょっとバカにしてるのでは、と思っていました。

——なぜバカにされていると？

父　妻は大卒で、私は高校中退なので、下に見られているように感じて。
――あなたは妻と話し合ってAちゃんを育てていけるのですか？
父　しつけと暴力が違うことは理解したし、妻ともこれからは話し合おうと決めたし、困ったことがあれば、児相に相談させてもらうと決めたんで、もう大丈夫だと思います。
裁判官は、もう一度、母を呼んで母の気持ちを聞こうとした。
――Aさんの親としてAさんを守る立場のあなたが、なぜ、お父さんの暴力を止めなかったんですか？　やりすぎだと思っていたんですよね？
母　以前は、言えなかったですけど、今は言えると思います。
――夫婦として対等に話し合えると言えますか？
母　対等かどうかわかりませんが、話し合えると思います。
――なぜ話し合えると思うんですか？
母　夫は変わってくれたと思いますし、Aが施設から戻ってきても、もうたたかないと約束していますから。
――あなたは夫の暴力を止められると思いますか？　今までできなかったのに、どうしてそう言えるのですか？
母　夫が変わってくれたので。

――あなたも児童虐待の加害者なんですよ。そういう自覚がありますか？　あなたがお父さんと話し合って、お父さんの暴力を止めていれば、Aさんが施設で暮らすこともなかったんですよ。Aさんがルールを守るとかそんなことじゃない。これはあなたたち夫婦の問題なんですよ。ほんとうにわかっているんですか？　お母さん！

お母さんは、ただ無表情に「はい」と答えただけだった。

家庭裁判所は、児相の申し立てを受け入れ、Aちゃんの施設入所適当との判断を下した。が、その決定から1週間も経たないうちに、Aちゃんは施設から自宅に逃げ帰ってしまった。「施設のルールが厳しすぎるから」というのが理由だった。

家裁の決定だからといって、Aちゃんを無理やり施設に戻すことはできない。せめて定期的な面接を続けたいと思うが、親子が児相との接触を拒んだら、それも難しい。家裁から「児相の指導を受けるよう親に勧告を」と依頼したが、「それは裁判所の役割ではない」と調査官に言われた。

まずは、教員やスクールカウンセラーにAちゃんの様子を見守ってもらうよう学校に連絡した。彼女を信じてSOSを待とうと思う。

（2019年4月）

47 ― 行き場を探して

子どもの虐待死が報道されるたび、「児相はなにをやっていたのか（なぜもっと早く保護しなかったのか）」と指弾される。けれど、保護された子どもが、その後、どんなふうに生活しているのか想像したことのある人はどのくらいいるのだろう。

私が児相で働いていて一番つらいのは、どこにも受け入れてくれる場所がない子どもの行き場探しだ。

Aくんは小学4年生。保育園の頃から児童養護施設で暮らしている。10代で妊娠した母と継父、3人で暮らしていた。通っていた保育園で「パパにぶたれた」とAくんがつぶやいたことから、児相が職権で保護することになった。

それから4年。Aくんは施設で「いい子」として評価されて、担当の児童福祉司が年に一度訪問するくらいだった。問題がなければ、施設は児相に連絡してこない。母や継父とは面会させていなかった。継父はずっと「おれ、やってねぇし」と虐待を認めなかったし、母は「あの子、嘘つきだから」とAくんに会いたいとも言わなかった。その後、継父との間に弟が生まれた。

ある日、施設長から「Aくんをすぐに児相で保護してください！」と電話があった。施設内でAくんが性的な加害行為をしたという。3人の男の子（小学校高学年と中学生）が「Aくんにおちんちんを舐められた」「舐めさせられることもあった」と泣きながら訴えたらしい。学校からも、下校中にクラスの女の子に「いたずら」をしたと、校長がAくんに転校を求めてきた。

すぐにAくんを一時保護することになった。担当の福祉司と心理司が、Aくんから話を聞こうとしたが、Aくんはなにも語らず、ずっと下を向いて黙ったままだった。

Aくんは施設に戻りたいと言ったが、施設長は「Aくんから被害を受けたという子が5人も出てきた。男の子も女の子も。施設は今、被害児童の親への謝罪で追われています。Aくんを施設に戻すことは絶対にお断りします。被害親への釈明ができません」と。

一時保護所ではAくんを個室に入れた。「性的加害の子を集団生活させるわけにはいかない。虐待した親からようやく引き離して保護したのに、保護所で問題が起きたら困る。早く出してほしい」と一時保護所の課長は言った。

児童自立支援施設（非行行為をおこなった児童のための施設）への入所を検討したが、小学生の定員はいっぱいと断られた。

そんな時、救世主が現れた。児童養護施設に長く勤めて退職した夫婦にダメもとで電話したら、「引き受けてもいい」と言う。夫婦にAくんを委託する方向で準備を進めていたら、今度はその地域の小学校がAくんの「受け入れはできない」と言ってきた。

校長は、「私どもは、他の大多数の生徒の安全を守る義務があります。受け入れはできません」と強硬な構えだ。教育委員会は「学校長の意見は尊重したいが、Aくんの教育権も守らなくてはならない。妥協点として、Aくんを教室に入れず、校長室登校させてはどうか」と提案してきた。Aくんを卒業まで校長室で勉強させるというのか…。涙が出るほどせつなかった。児相の弁護士とも相談したが、「争わないほうがAくんのため」という結論だった。

結局、他県の児童自立支援施設がAくんを受け入れてくれることになった。新幹線と電車を乗り継いでいく遠いところだ。施設に入所するまでのひと月あまり。救世主の夫婦宅でAくんは生活した。小学校にも通って、校長室で勉強だけは見てもらっていた。Aくんは楽しそうだった。硬かった表情もゆるんで、笑顔を見せるようになった。

施設入所の何日か前、Aくんは「おじちゃん、おばちゃんだけ」と、継父からされたことを泣きながら話した。お風呂で、継父は自分の性器をAくんに舐めさせたという。「ぜったいに児相には言わないで」とAくんに言われたけれど…と、施設入所の翌日、心配した夫婦が私たちにそのことを伝えてくれた。

Aくんは児童自立支援施設で性問題行動の治療プログラムを受けている。Aくんが背負うダメージの責任は、大人にある。同時に、Aくんを二度と加害者にしないためにも、施設でのていねいなかかわりと、そこで出会う人たちに恵まれることに希望をつなぎたい。

子どもの行き場探しを、以前は「処遇」といった。今は「支援」という。

施設に入れたらそれで終わりではない、児相の支援は続く。

2年後に、Aくんは児童自立支援施設を退所する予定だ。それまでに、地域の学校に通えるよう、学校・教育委員会と粘り強く話し合いたい。Aくんがあの夫婦のもとで生活できたらいいなと思っている。

（2019年6月）

48

虐待父とどう接するか

その父親は外資系の会社員。毎週毎回、濃紺のスーツにネクタイ姿で約束通り夜8時に来所した。「これでも仕事を早く切りあげてきたんです。ちゃんと説明してもらわないと帰りませんよ」と言って相談室に入り、2時間ほど持論をしゃべり続けた。

私立中学2年生の女の子、Kちゃんを一時保護したのが昨年秋。「虐待されている。あいつ（父親）とは暮らせない」と訴えて、市の少年センターの相談員につきそわれて児相に来た。「転校は絶対イヤ！」と遠くの児童養護施設への入所を拒むKちゃんを、両親に居所を知らせないことを条件に里親さんが受け入れてくれた。Kちゃんは里親宅から私立中学に通っている。

「虐待されてるのは嘘じゃないよ。殴られてないけど、成績が落ちたら何時間もセッキョーされるし、お母さんには怒鳴るし、しょっちゅうケンカしてるし、うちの親」とKちゃんは言った。

父親は担当の若い女性の児童福祉司をにらみつけながら話し続ける。

「それをあなたたちが虐待というなら、それでいいです。Kがどこかに措置されることも承諾した。でもね、ＰＴＳＤ（心的外傷後ストレス障害）だというのはどうでしょう。精神科医もＰＴＳＤと診断を下したわけではないでしょ。それを若い、子育て経験もないあなたが『ＫはＰＴＳＤだ』と断言しましたね。ＰＴＳＤってなんですか？　説明してくださいよ。Ｋの心に傷があるからＰＴＳＤだなんて、そんな曖昧なことを。仮にＰＴＳＤだとしても、それはＫをほったらかしにして、何日も帰らなかった母親のせいでしょ」。

母親は、父親（夫）から精神的に追い詰められ、Ｋちゃんが幼い頃に彼女を置いて、友人の家を転々と逃げまわったらしい。

父親は「私は暴力をふるったわけではない。母親は結局戻ってきて、今は平穏に暮らしているんだから、それで問題ないでしょ。Ｋは勉強がしたくなくて、わがままで家を出ていっただけなんですよ」と言った。

母親にも話を聞きたかったが、母親は、体調がすぐれないとか、忙しいとか、いろいろ理由をつけて、私たちとは会おうとしない。母親だけがいる時間に家庭訪問をしても、「申しあげることはありません」と取り合ってくれなかった。

「Kに会わせてください。自分の娘に会わせてくださいと言ってるんです。本当は娘がどこに住んでるか、わかってるんですよ。学校が教えてくれました」（学校にはKちゃんが里親さん宅にいることを秘匿にしてくださいとお願いしていたのに…）。

「高校進学のこともある、Kの将来のことだ。あなた方が立ち会うのも構いませんよ。Kと話をさせてください」。

Kちゃんは「ゼッタイ会いたくない、会うのがこわい、連れ戻される」と言うので、手紙で「今は会いたくない」と書いてもらった。しかし父親は、「これはあなた方が誘導して書かせた、ととらえられてもしかたありませんよ。これがKの本当の気持ちだと証明できるんですか」としたり顔だ。

「学校にお願いしてKに面談させてもらってもいいんですよ。私に接近禁止命令が出ているわけじゃない。児相が余計なことをするからいけない。わが家にはわが家の秩序がある。うまくいってるんです。Kにも母親にも、平均以上の暮らしをさせている。それを壊したあなた方が許せない！」。

父親はそんなふうに一方的に話し続けながら、若い福祉司の言葉のあげ足を取り、詰問する。かと思うと、同席するベテランの私を「さすが力のある人は違う」と気持ち悪いほど持ちあげ、担当のことを無能呼ばわりしておとしめる。

若い福祉司はそんな父親に恐怖と嫌悪を感じ、「担当を替えてほしい」「休みたい」と言いだした。Kちゃんを保護した私たちは、父親の支配領域に土足で踏み込んだ「侵略者」なのだろう。父親は（Kちゃんを返してほしいというより）私たちを屈服させたかったのだと思う。

その後、学校は（父親の圧力に屈したのか…）進路指導を口実に、両親を呼んで三者面談をおこなった。Kちゃんはその場で父親にやさしい言葉で説得され、結局、家に戻ってしまった。

保護者への指導は、児相にとって子どもを保護する以上に困難なことのように思う。指導を拒否してもペナルティーを課せられることはないからだ。

家に戻ったKちゃんに、私たちができることはほとんどない。けれど「学校でKちゃんと児相が定期的に面接する」という約束だけは、なんとか父親に飲ませることができた。かすかでもなんとか関係をつなげておきたい。

（2019年8月）

49 タイムアウト

Mくんは小学4年生。1年生の時から児童養護施設に入所しているが、学校には行っていない。ある時、Mくんの暴力が止まらないので静養室に入れたと連絡があり、施設を訪問した。

「スイッチが入ってしまうと手がつけられなくて、職員は何人も被害を受けてます」と施設長が言う。これまで男性職員を蹴って骨折させたこともある。Mくんの部屋を見せてもらった。窓ガラスは割れ、壁紙はびりびりにはがされ、墨汁と筆で「死ね」「殺す」と壁に殴り書きされて、異様な雰囲気が漂っている。壊された学習机や家具などは撤去されていた。布団だけあって、なぜかきれいにたたまれていた。

「しょっちゅう暴れるので、今は静養室に入ってます。入るのを嫌がりますけど、落ち着かせるのは、その方法しかありません。道路に飛び出して、事故になったらかわいそうですから」。

暴力的な子どもを引き受けてくれる施設はほとんどないが、この施設はタイムアウトをするための静養室をつくることで、難しい子どもも受け入れている。

タイムアウトというのは、子どもがパニックなどで自傷や他害の危険度の高い場合、子どもの心身を傷つけず、周囲の子どもの安全を守るために、感覚遮断（刺激しないこと）によって沈静化させる訓練技法だ。身体拘束はしないが、懲罰的であり、子どもの人権を侵害すると批判の声もある。

静養室は畳2畳ほどの広さだろうか。天井には照明とエアコン、小さな天窓のほかに窓はなく、部屋の壁と床にはクッション材が貼られ、暴れても壁に頭をぶつける自傷行為があってもケガをしないようになっている。私も中に入ってみたが、閉塞感で胸が苦しくなった。ここにひとり閉じ込められるMくんはどんな気持ちだろう。

Mくんは両親の離婚後、お母さんとふたりで暮らしていた。保育園の年長組の頃から、Mくんはよく市のショートステイに預けられていた。お母さんは家でパソコン入力の仕事をしていたが、Mくんを預けては、出会い系サイトで知り合った男性と出かけていた。お母さんは、市の担当者に、男性関係についてあけすけになんでも話した。Mくんを夜中にひとり置いて出かけていることがわかって、担当者から話を聞いた児相が、お母さんとM

くんを説得して施設入所となったのだった。

「この子と私は離れて暮らしたほうがいいんです」とお母さんは言い、Mくんも素直にうなずいて「施設に行く」と言った。

父母が離婚したのは、Mくんが5歳の頃だった。原因は父の浮気とお母さんは言った。それから2年ほど、お母さんはMくんの言うままに、ゲームでも食事でもなんでも好きなようにさせ、Mくんはお母さんを下僕のように扱い、保育園も小学校にも行きたがらず、ハンバーガーやポテトチップスを食べて肥満になっていった。

親子はりっぱな一軒家に住み、リビングには大きなシャンデリアがあった。家は夫名義で、養育費をもらっているが、お母さんの収入が低いので生活保護を受給していた。離婚するまでは「フツウの暮らしだった」とお母さんは語った。離婚でなにが変わったのか。

市の担当者は、お母さんの知的レベルはかなり低いんじゃないかと言った。お母さんと話していると、ぼうっとしていて、時々意味不明な言葉が出たりするので、市の担当者の見立てもわかるような気もするが、お母さんは大学卒業後に外資系の会社に勤めていて、夫とはその会社で知り合ったという。「それはいつですか?」というのがお母さんの口癖で、これに答えているとぜんぜん会話が続かなくて、お母さんは日付や時間に強いこだわりがあるようだった。

お母さんには、Mくんの下に、3歳2歳0歳の子どもがいる。「父親はわからないんですよねぇ」とお母さんは笑った。3人の子どもは、今のところお母さんが育てている。市の保健師が見守りを続けているという。

少しして、私が施設を訪ねた時、Mくんは職員と一緒に部屋の片づけをしていた。たわしで壁の墨汁をこすり洗いしながら、職員とふざけあっているMくんは、とてもかわいかった。

Mくんは児童精神科に通院している。医師は「多動傾向にはあるが、母親との愛着形成の不全によるもの」と、はっきりした診断名は示さず、衝動をおさえるような薬をもらって、毎日飲んでいるという。

「静養室をもうひとつ設置したいという要望を県に出していたんですが、却下されました。現場のたいへんさをもっとわかってほしいですよ」と施設長はかなしそうに言った。

（2019年10月）

50 ふるさとめぐり

Dくんの「ふるさとめぐり」につきあった。Dくんは中学2年生。父と継母から虐待を受けていた町の、県営団地を児童養護施設の職員さんと訪ねるというので、私も同行させてもらったのだ。

Dくんは中学校には行かず、施設で暴れて職員にケガを負わせたりしていた。夜になると施設を出て、どこかに行って、朝方、ふらっと帰ってくる。警察に何度も補導され、そのたびに施設長が頭を下げて、Dくんをもらい受けることが続いた。私も警察に呼ばれて、少年係長から「あんな性根が腐ったやつは家裁に送ったらどうですか。鑑別所に入れたほうがいいんですよ」と言われた。施設の職員の中にも、「もう限界。Dくんは福祉で抱えられる子じゃない。司法で裁きを受けた方がD君のためだ」と児相に訴えてくる人がいた。

施設に限界と言われたらそれまでかなと、知り合いの家裁調査官と、Dくんの送致の相談をしていたそんな時、Dくんは、施設に入る前に住んでいた町に行ってみたいと言い出した。

Dくんの両親は、彼が5歳の頃に離婚。実母は家を出ていった。父の暴力に耐えかねてだったが、子どもたちを連れて逃げることまではできなかったようだ。3つ上の姉とDくん、父との3人暮らしがしばらく続いたが、時々遊びにきていた「きれいなお姉さん」、まりちゃんも一緒に暮らすようになった。まりちゃんに子どもができて、異母弟と5人で暮らすようになると、家の中でケンカが絶えなくなった。

父は運転手で、バスを1台持って冠婚葬祭の送迎や会社の慰安旅行などを取り仕切り、まりちゃんが添乗員兼経理などをし、父は「○○旅行」の社長という名刺を持っていた。姉とDくんに弟の面倒をみさせて、朝から夜までふたりで働いていた。泊まりの仕事でふたりとも帰ってこない時もあった。姉が食事をつくり、弟を保育園に迎えにいった。そんな生活に姉やDくんがまりちゃんに文句を言い、父が子どもたちを殴って黙らせるという毎日だったらしい。

まず姉が、自分から「施設に入れてください」と児相に電話してきた。Dくんも、小学校の担任に連れられて児相に来た。ふたりとも家に帰る気持ちはまったくなかった。父もまりちゃんも、姉やDくんを「返してくれ」とは言わなかった。「勝手にしろ」だった。姉は、Dくんと同じ施設に入所することを嫌がった。Dくんは、父やまりちゃんに殴られたうっぷんを姉にぶつけていたようだ。ふたりは別々の児童養護施設に入り、それから会おうともしなかった。

ふるさとめぐりの当日、Dくんは極度に緊張していた。「やめようか」と職員に何度も言われたが、行くと言ってきかなかった。でも、住んでいた団地の棟の前まで来ると、Dくんは震えだした。父もまりちゃんも弟もとっくに引っ越してそこにはいないのに、車から降りることもできなかった。

Dくんが通っていた保育園には、Dくんのことを覚えてくれていた保育士さんがふたり、まだ勤務しておられた。事前にお願いしてあったので、Dくんは思い出の保育園に迎えられ、保育士さんが当時の写真を見せながら、Dくんのやんちゃぶりを話してくれた。Dくんは、久しぶりに楽しそうにニコニコしていた。

近くに河原があって、鉄橋を走る電車が見えた。Dくんは「小さい頃、お父さんとずっと電車を見てたんだ」と懐かしそうに話してくれた。

「あ、Dくん！」。

犬を連れて散歩する年配の女性が声をかけてくれた。Dくんは、「近所のおばちゃん」と私たちに紹介してくれて、照れながらその女性とずいぶん長い時間話し込んでいた。

「オレのこと、覚えてくれててうれしかった」と言った。

ふるさとめぐりのあと、小さい頃に周囲から大切にされていたことに気づいたせいか、職員への暴行は収まった。その後も、ハラハラするような出来事はあったが、Dくんはどうにか高校を卒業し、家電量販店に勤めていると聞いていた。

ある日、Dくんから児相に電話があった。

「結婚します。結婚式に出てほしい」と言われてびっくりした。Dくんは、24歳になっていた。結婚式のことは「ごめんね」と丁重に断って、ふるさとめぐりの時に、保育士さんが話してくれた「鯉の滝登り」のことをふと思い出して、覚えてる？　とDくんに聞いた。卒園の日に、保育士さんや親たちが、園児一人ひとりを高々と担ぎあげて、「こぉいのたきのぼりぃ～」と声をはりあげ、子どもたちの身体を次々に前に送っていくという。

「落ちそうで、ものすごくこわかったんだよ」とDくんは電話の向こうで笑っていた。

（2019年2月）

まとめ

児童相談所はこれからどうなっていくのでしょうか?

川松　亮

ここまで青山さんの「50の物語」を読んでこられた皆さんは、児童相談所の日々の取り組みの中で、一人ひとりの職員が悩みながらも、自らの良心に問い、心を込めて相談に対応しようとしていることを感じていただけたのではないかと思います。青山さんの実体験から残された数々の記録に、その苦悶《くもん》の跡と、青山さんの温かい人間性をも感じとることができるように思います。

児童相談所職員もひとりの人間です。心の中には、戸惑いや怒り、やるせなさや憤慨、そして喜びやかすかな希望を持ちながら、それでも自らに課された責任を果たそうともがいてがんばっています。「ジソウの仕事」には、まさに正解はなく、一つひとつのケースに応じて、少しでも前向きな親子の暮らしが描けるように、あたかも多次元多変数の方程式を解くかのような苦闘を繰り返しながら、もつれた糸をほどこうとしています。そうして親子の絆《きずな》を少しでもつなぎ直すことができれば、そこに喜びを感じることができるのです。児童相談所という場で出会った、子どもと家族にたくさんのことを教えられ、考えさせられます。そのことに感謝の気持ちを抱かずにはいられません。

私は、「ジソウの仕事」は人間のしあわせや、親子のしあわせを深く考える、とても文学的な仕事だと感じています。そんな「ジソウの仕事」が私は大好きです。そのような仕事を「ジソウ」という場でいつまでも続けられるように願っています。現在、児童相談所をめぐって、目まぐるしく施策が移り変わり、国からの通知も度々大量に出されてきています。児童相談所職員は、それらにまさに翻弄されているといってもよい状況だと思います。そのような混とんとした状況にありますが、児童相談所のこれからのあり方を、現場の職員の意見を軸にしながら、今こそ冷静に考え直さなければならない時期に至っていると感じます。

以下では、そのための私見をいくつか述べて、まとめとしたいと思います。

1. 児童相談所の現状

児童相談所は多岐にわたる相談を受け、その支援をおこなっていますが、虐待通告件数の増加によってその初期対応(安全確認や子どもの一時保護、保護者への対応など)に追われて、ゆとりをなくしているのが実情です。虐待死亡事例が発生すると、児童相談所の対応の不備が指摘され、社会的に批判されることも続いています。児童相談所職員にとっては、忙しく対応に追われる中で、法的権限の行使などを迅速的確におこなわなかったという不作為を責められることが多くなり、たいへんにストレスフルな状況に立たされていると言えます。その一方で、支援によって養育環境が改善した多くの事例も経験しているのですが、そうした達成感を喜び合うことがなかなかできずに、疲弊している職員が多いと言えるでしょう。

日本の児童相談所の人員配置は、欧米各国に比して大きく劣っています。例えばイギリスでは、日本の児童相談所に当たるCSCという機関のソーシャルワーカー数が全体で3万6670人（2017年9月現在）であり、ケース担当のソーシャルワーカーひとり当たりのケース数は約16・8ケースと報告されています（公益財団法人 資生堂社会福祉事業財団『2018年度 第44回資生堂児童福祉海外研修報告書〜イギリス児童福祉レポート〜』）。一方日本では、児童相談所の児童福祉司数は、2019年4月時点で3817人であり、イギリスに比べてひと桁違います。児童福祉司ひとり当たりのケース数について見てみると、2017年度に児童相談所で対応したすべての相談対応件数46万6880件を、同年度4月1日付の児童福祉司数3235人で割り戻すと、ひとり当たりの平均件数が144・3

ケースとなります。これに前年度以前から継続している在宅支援ケースや里親委託中・施設入所措置中のケース数が上乗せされます。これだけのケース数を担当していては、一つひとつの事例にていねいに寄り添って継続的に支援することが難しい状態だと言えるのです。

このような現状に対して、厚生労働省は児童相談所の人員を増やそうと努力しています。その結果、2016年には児童相談所強化プランが、2018年末には児童虐待防止対策体制総合強化プラン（新プラン）が示されて、2022年までに児童福祉司数を5260人、児童心理司数を2150人に増員（2017年度に比べて児童福祉司を2020人、児童心理司を790人増員）する計画を進めています。実際にここ数年で、新任の児童相談所職員が各地で増えていることは評価できるのですが、それらの新しい職員を育成するという新たな課題が生まれています。職員の経験年数の蓄積が少なくなってきている現状で、新人職員をどう育てていくのかが大きな課題です。

2．児童相談所業務のスリム化

児童相談所が子ども虐待対応における役割を的確に果たすために、児童相談所の相談内容を絞り込んでよいのではないかという議論もされています。障がい相談や育成相談は市区町村内の他の機関でおこなうことが可能ではないかと指摘され、いくつかの自治体で児童相談所から他の機関に移す工夫がされています。ただ、市区町村の子ども家庭相談の体制が十分に整備されていない状況で、児童相談所に替わって相談支援をする機関をなかなか見いだせないのが実情です。

児童相談所にとっても、障がい相談や育成相談は職員の相談対応力をつけていくうえで重要な要素を持っているのですが、虐待対応に追われる現状ではどの相談にも十分な対応をとることが難しくなっています。児童相談所が従来受けてきた相談に対して、地域で対応できる機関を育て、児童相談所と連携協働していくことは検討課題です。ただ、障がい相談や育成相談も虐待相談と明確に切り分けにくい点があり、それらの相談を充実させることで虐待の予防につながっている面があります。児童相談所が虐待だけに特化した機関になることは、児童相談所の相談対応力を弱めることにつながることを懸念します。

この点では、学校を相談の場としてもっと活かすことを検討すべきだと考えます。学校はすべての子どもに出会える場であり、支援につなげることのできる起点となります。すべての学校にソーシャルワーカーやカウンセラー、相談員などが複数配置され、子どもも親も気軽に相談できることが必要だと思います。また子どもにとっての居場所の運営や朝食サービス提供などの取り組みも学校では可能だと思います。私は学校が教育機関であるとともに、児童福祉法上の福祉施設となればよいと思います。学校を相談につなげるベースとして位置づけ、児童相談所との協働もできるようになると、相談の幅が広がってよいと考えます。同様に、保育所にもソーシャルワーク機能を付加して、拡充すべきだと考えます。

3. 介入と支援の機能の分離と統合

児童相談所が虐待での介入を強めることで、保護者と対立せざるを得ない場面が増え、そのことで継続的な支援になかなか移行しにくいことが指摘されてきました。元来、サポーティブな相談関係での支援をおこなってきた児童相談所ですが、虐待相談においては相談動機のない保護者に対峙《たいじ》して相談関係を構築していかなければなりません。これは従来の相談対応の手法と比べて、入り口における対応の仕方が大きく異なります。相談種別による対応方法の違いという矛盾を抱えながらも、対応のあり方を工夫することでそれを克服しようと努力してきました。

この介入と支援の関係整理の問題は、各自治体での取り組みの歴史があり、なかなか一律に制度化するのが難しい問題です。そもそも介入といっても、さまざまな支援の取り組みの中に介入的な要素は含まれますし、支援は介入するところからはじまっていく面があって、介入と支援を明確に区分するのは難しいものです。介入と支援のモードのそれぞれを切り替えながら、相談の各局面に対応しているとも言えるでしょう。

とりわけ、保護者との対立場面が多い虐待初期対応を専門的に担う組織を編制し、その後の継続的な支援と分割する組織編制を工夫してきた自治体もありました。そうすることで、立場の異なる職員が関与できてスムーズに支援が進むと評価する自治体がある一方で、初期対応チームにケースが滞留して地区担当者になかなか引継ぎができず、保護者も同じ説明を異なる職員に再度しなければならない不満を持つこともあって、組織を分割したものの元に戻したという自治体もあります。

児童相談所が対応しているケースの特性やケース数については、自治体による違いが大きく、相談体制の組み方を全国一律で決めることは困難です。人口規模が大きかったり、ケース数が多く困難事例も多数抱える都市部の児童相談所では、それに応じて組織編制を変えていくことも求められるでしょう。人口規模の小さい児童相談所では、職員によって役割を分割することは困難です。各自治体が他の自治体の取り組みも共有しながら、相談のあり方を工夫していくことが必要となると考えます。

4. 市区町村と児童相談所との関係

日本では、市区町村と児童相談所とが共に虐待対応窓口として位置づけられるという二層制をとっています。そのため、どちらが対応すべきケースなのかで意見が食い違うことがあり、場合によっては両者の狭間に落ち込んで対応がなされていない事例も発生することがあります。市区町村と児童相談所との事例担当区分の整理が課題となってきました。

市区町村が支援、児童相談所は介入という考え方も示されていますが、児童相談所はもともと支援をおこなってきた機関であり、市区町村の体制が十分に整備されていない現状では、このまま児童相談所が虐待の初期対応に追われていると、地域の支援の力が乏しくなってしまいます。児童相談所がきちんと支援ができる体制を構築し、市区町村のサービス提供によるサポートと重なり合った取り組みをおこなっていくことが必要だと思います。

そのために私は、虐待の初期対応を児童相談所から切り離し別の機関として立ち上げ、児童相談所は本来の支援の機関に戻すべきだと考えます。虐待対応の専門機関（子どもアセスメントセンター／次頁図6）が通告を一本化して受けて対応し、その結果で児童相談所か市区町村の支援に振り分けます。そうすることで市区町村と児童相談所との二層制の混乱も整理することができると考えます。市区町村と児童相談所の区分は、重症度が中程度以上のケースは児童相談所の対応として、在宅や里親・施設における支援をおこないます。

市区町村のサービス提供による支援とも重なり合って、相互にケースを受け渡すことも協議して進めます。

子どもアセスメントセンターにはトレーニングを受けたソーシャルワーカーや警察職員・保健師や教員などが配置されて対応するのがよいと考えますが、市区町村と児童相談所を加えた三者が共通した理念を持ってソーシャルワークをつなぎ合えるような、合同での研修等をおこなうことが必要となると思います。

なお現在、中核市や特別区での児童相談所設置が進められようとしています。全国の児童相談所の設置数は不足しています。全国児童相談所長会の調査では、管轄人口が100万人を超える児童相談所が、

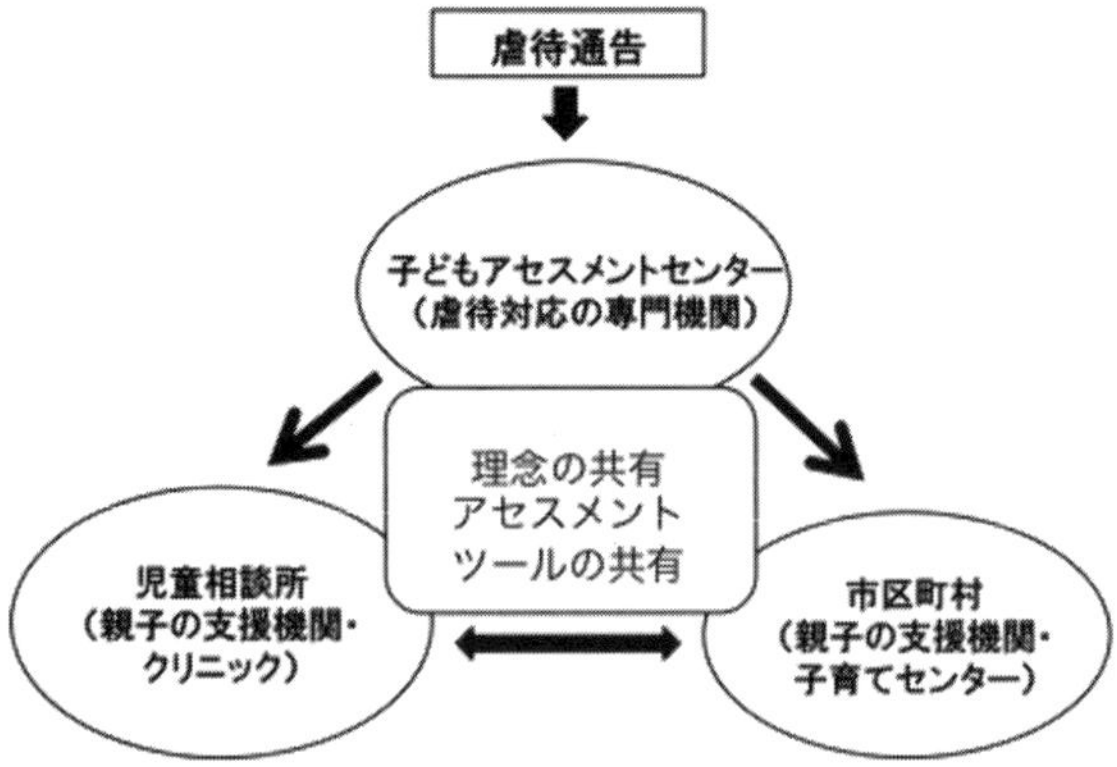

図6　虐待相談における初期対応と支援の対応機関分離試案（川松作図）

２０１７年度に28所（13・３％）ありました。平均管轄人口も約59万人ありました（平成29・30年度全国児童相談所長会調査『児童相談所業務の推進に資するための相談体制のあり方に関する調査』結果報告書、２０１９年3月）。これでは人口規模が大きく、住民にとっての利便性も乏しくなると考えます。管轄人口30～50万人程度で設置されるように、児童相談所の総数が増える必要があると考えます。

しかし児童相談所による広域的な調整機能や人材確保・養成、専門機能強化等を考えると、本来は都道府県・政令市がこれを設置して、拡充させるべきだと考えます。中核市や特別区の児童相談所は、地域の子育て支援機能と児童相談所機能がつながり合えたり、児童相談所が地域の子育て支援情報を得やすいという利点がありますが、一方で自治体ごとの単一児童相談所となり、人材の長期的な養成や専門機能の蓄積に困難があったり、同一県内での情報共有が十分におこなえなくなる可能性があると思われます。都道府県・政令市による児童相談所の増設を望みます。

5．人材確保・育成

「福祉は人」とよく言いますが、児童相談所も人材が重要な要素です。そのための専門職の確保や、人事ローテーションを活用した育成を計画的におこなえるように、長期的な視点での人事政策を持つ必要があります。各年齢層の職員が切れ目なく所属して、先輩から後輩への伝達がおこなわれることが必要です。つけ加えると、さまざまな関連領域の経験を有する職員を配置することも必要です。とりわけ児童福祉施設での勤務は、相談対応のその後に対する見通しを持てることにつながるため貴重だと思います。

児童相談所のソーシャルワークを的確におこなうためにはやはり経験が必要です。これはマニュアルでは得られないものです。必要に迫られて各種マニュアルが整備されてきていますが、どうしてもマニュアルからこぼれる事態が発生するものであり、その場その場で考え判断することが必要になります。マニュアルを疑う目を持って、相談対応の各場面で最善の方法をチームとして考えていかなければなりません。

こうしたことができるためには、長く勤務することが必要です。市区町村や児童相談所で子ども家庭相談を担う職員は、長期に継続勤務できるように人事異動の周期を長期化するルールを確立すべきだと考えます。自治体単一の児童相談所の場合は、一度異動して出た職員が戻ってこれるようにする必要があると思います。こうした人事をルール化すべきだと思うのです。

これから中核市や特別区の児童相談所が増設されるとなると、自治体の枠を超えて異動することも実現する必要があります。児童相談所の間を異動することで、職員個々の児童相談所経験を蓄積することができます。また、自治体間だけではなく、児童福祉施設や民間団体とも人事交流を進めるのがよいと考えます。里親支援や保護者への支援プログラムなどをおこなっている民間団体の方は専門性が高く、経験年数も長い方が多いものです。相互に行き来できると、お互いの質の向上にもつながっていくのではないかと思います。

6．児童相談所のソーシャルワーク

親子を支援するためには、親子の「暮らし」の現実に対する理解が十分なされている必要があります。「暮らし」がどのように営まれているのか、そのありようを構造的・総合的に把握し、どのような歴史をたどって今に至っているのか、家族の歴史の節々でどのような思い（つらさやあきらめや覚悟や希望など様々な感情）を感じてきたのか、そうしたことも併せて十分に理解する必要があります。そして、これからの「暮らし」をつくっていくための一歩を、家族と一緒に考えることができるとよいと思います。家族の歴史や思いは家族が最もよく知っています。私たち支援者は、そのことを家族から教えて「いただく」立場であり、ていねいに聴く（「聴く」とは耳だけではなく目でも心でも聴くことです）ことが大切だと感じます。答えは、相談する人自身がすでに持っていることもよくあります。

相談支援関係を構築するためには、相談支援する人と相談支援を受ける人との間に信頼関係が結ばれる必要があります。相談支援関係にはこのような支援する人と支援される人との間の関係性が織り込まれるため、ひと通りではなく、担当者ごと・ケースごとに異なると思っています。したがって、相談支援は誰がやっても同じということはないと思います。私は児童福祉司として、「川松さんがそう言うのだから、がんばってやってみよう」と思ってもらえるようでありたいと願ってきました。なかなか難しいことでしたが、大切な観点ではないかと思っています。相談対応をする中で、私自身も教えられることが限りなくありました。

ただ、「ジソウの仕事」はひとりの職員だけでおこなうものではありません。独りよがりや偏った見方を排し、冷静に状況を把握して支援方針を立てるためには、仲間の力が必要です。「ジソウの仕事」はつらいことが多いですが、支えになるのは仲間との助け合いです。チームワークが何よりも大切なことだと思います。

ソーシャルワークとは、希望を届ける取り組みではないかと思っています。親子が少しでも前向きに人生を歩めるように、今できるかかわりに最善を尽くしていきたいものです。ソーシャルワークはまた「おせっかい」をすることでもあると思います。人とのつながりを失っている方たちがつながりを回復したり、あらたなつながりを創造していくために、新しい意味での「おせっかい」をたくさん届けてゆきたいものです。

おわりに

痛ましい子どもの虐待事件報道のたびに、取り上げられる「ジソウ」。

ジソウってどんなところ?

児童相談所や、そこで働く人たちのことをもっとわかってもらいたいと、隔月刊誌『くらしと教育をつなぐWe』（フェミックス）に「ジソウのお仕事」の連載をはじめて10年以上（65回）になります。この本はこの連載をもとにしています。「青山さくら」はペンネームです。実在しませんが、私は児童相談所で働いています。50の物語（ショートストーリー）は、すべて私が体験した、たくさんの子どもたちとその親たちとの出来事に基づくものです。人物や設定が特定されないよう、いくつかのケースを貼り合わせて、架空のお話として書いています。どうかご理解ください。

今読み返してみると、言葉足らずでつたない表現がたくさんあり、また、10年前と今ではケースの向き合い方に違いもあります。そうした時間の経過も含めて、お読みいただければと思います

書きためた原稿をいつか本にできたらと思っていました。児童福祉司として勤務されていた経験をお持ちの川松亮さんに、この連載原稿を読んでいただき、本にする時には協力すると言っていただいたことで、背中を押されるような気持ちになりました。それがこの本のスタートでした。川松さんには解説や児相のこれからなどについて書いていただきました。

そして、フェミックスの編集部のみなさんには連載も含めて、本当にお世話になりました。10年以上にわたって連載を続ける中で、元編集長の稲邑《いなむら》恭子さんと、原稿のテーマや表現についてやり取りしながら、新たに気づくことも多く、自分の仕事や気持ちを整理することができました。そのことが仕事を続けるモチベーションにもなっていました。今回、本にするにあたっては現編集長の中村泰子さんと校閲

の吉田真紀子さんにていねいに原稿を読み直していただき、一冊にまとめていただきました。装画や挿絵は日本画家の中畝《なかうね》治子さんに描いていただきました。表紙の男の子の強く突き刺さるような眼差しから、本書で伝えたかった子どもたちのイメージがふくらみます。感謝申しあげます。

最後になりましたが、本書を最後まで読んでくださったみなさまにあらためてお礼申しあげます。感動的でもなく、熱血でもないけれど、児童相談所で働く人たちの日常の姿を理解してもらえたらと思っています。ほんとうに、ありがとうございました。

２０１９年12月　青山　さくら

【データ改訂版刊行にあたって】

発行から1年が経ち、今回増刷するにあたって、川松亮さんに各種統計数値を更新していただきました。「ジソウのお仕事」は、今も雑誌『We』で連載中です。毎日新聞医療プレミア（Web版）でも2020年5月から連載しています。あわせてご覧いただけたらうれしいです。

2021年2月　青山さくら

【50の物語を執筆】
青山　さくら（あおやま・さくら）

児童相談所児童福祉司。

隔月刊誌『くらしと教育をつなぐWe』（フェミックス）に2009年4月から「ジソウのお仕事」の連載を続けている。2020年5月から毎日新聞医療プレミア（Web版）でも連載中。


【解説・まとめを執筆】
川松　亮（かわまつ・あきら）

明星大学人文学部福祉実践学科常勤教授、社会福祉士。

東京都に福祉職として就職し、知的障がい児施設、児童養護施設、児童自立支援施設で勤務の後、児童相談所に児童福祉司として勤務。その後、厚生労働省児童福祉専門官、子どもの虹情報研修センター研究部長を経て現職。全国児童相談研究会運営委員、「なくそう！子どもの貧困」全国ネットワーク世話人、認定NPO法人児童虐待防止全国ネットワーク理事等。

共著に『児童相談所はいま　児童福祉司からの現場報告』（ミネルヴァ書房、2012）、『子どもの貧困ハンドブック』（かもがわ出版、2016）、『シリーズ子どもの貧困5　支える・つながる』（明石書店、2019）、『市区町村子ども家庭相談の挑戦』（編著、明石書店、2019）等。

ジソウのお仕事

50の物語《ショートストーリー》で考える子ども虐待と児童相談所【データ改訂版】

２０２０年１月10日　初版第１刷発行
２０２０年２月20日　第２刷発行
２０２１年３月10日【データ改訂版】第１刷発行
２０２２年１月10日【データ改訂版】第２刷発行

著者　青山　さくら
川松　亮

発行　有限会社フェミックス
〒２２５−００１１
横浜市青葉区あざみ野１−21−11 スペースナナ内
ＴＥＬ　０４５−４８２−６７１１
ＦＡＸ　０４５−４８２−６７１２
jimu@femix.co.jp　http://femix.co.jp

装画　中畝　治子
装丁　菊池　ゆかり
印刷　シナノ書籍印刷株式会社

ISBN978-4-910420-05-9 C0036